从政九慎

吴黎宏 ◎ 著

北京联合出版公司

图书在版编目（CIP）数据

从政九慎 / 吴黎宏著. -- 北京：北京联合出版公司, 2024.10. -- ISBN 978-7-5596-7969-7

Ⅰ. D630.3

中国国家版本馆 CIP 数据核字第 2024JX9288 号

从政九慎

作　　者：吴黎宏
出 品 人：赵红仕
责任编辑：龚　将
版式设计：张博轩
责任编审：赵　娜

北京联合出版公司出版
（北京市西城区德外大街 83 号楼 9 层 100088）
北京华景时代文化传媒有限公司发行
北京文昌阁彩色印刷有限责任公司　　新华书店经销
字数 166 千字　　690 毫米 × 980 毫米　　1/16　　14.5 印张
2024 年 10 月第 1 版　　2024 年 10 月第 1 次印刷
ISBN 978-7-5596-7969-7
定价：48.00 元

版权所有，侵权必究
未经书面许可，不得以任何方式转载、复制、翻印本书部分或全部内容。
本书若有质量问题，请与本公司图书销售中心联系调换。电话：（010）83626929

前　言

"慎"，是小心、谨慎、慎重的意思。

《道德经》云："慎终如始，则无败事。"《周易》云："慎不害也。"《国语》云："慎，德之守也。"《荀子》云："故言有招祸也，行有招辱也，君子慎其所立乎！"清末大臣刚毅在《居官镜·臣道》中说："行不放逸，语不宣泄，谓之慎。"

慎，是一种严密审慎的处事方法和严谨恭敬的处世态度，指对外界事物或自己的言行密切注意，以免发生不利或不幸的事情，它要求一个人知敬畏、守道义，做到谨言慎行、严格自律，是保障一个人安身立命、成功处世的基石。

为人处世，慎是一种修养，一种境界，一种谨言慎行、克己慎为的内在自律；为官从政，慎是一种敬畏，一种戒惧，一种恪守道义不放松、严守法纪不放任、坚守底线不放纵的政治自觉。无论做人还是为官，慎都是一种内敛的智慧、一剂修身养德的良方。

慎，作为中华传统文化的精华，源远流长，深深地植根于中华文明的血脉。《诗经》说，"慎尔言也"。《周易》说："君子终日乾乾，夕惕若厉，无咎。"《礼记·中庸》说，"审问之，慎思之"。这都是告诉人们为人处世要谨慎小心。

慎，是古人一条重要的为政之道，是历来为国人所尊崇的官德。早在春秋战国时期，就有政治家把"慎"作为从政箴言。最早把"清、慎、勤"这三个字联系在一起的是晋文帝司马昭："为官长当清，当慎，当勤。修此三者，何患不治乎？"由于此三字富有哲理和警示作用，后来便成为为官者第一箴言。宋朝吕本中所著《官箴》，开头便讲，"当官之法，惟有三事：曰清，曰慎，曰勤"，告诫为官者要时时坚守这三个重要原则。康熙皇帝更是经常亲书"清、慎、勤"三字，"刻石赐内外大臣"，用以激励官吏约束自己。

慎之所以重要，是因为不慎则言行必多疏略，往往会招来祸患和失败。唐代武则天亲著《臣轨》，作为官员行事准则，专列一章谈"慎"，其中说道："夫修身正行，不可以不慎；谋虑机权，不可以不密。忧患生于所忽，祸害兴于细微。人臣不慎密者，多有终身之悔。故言易泄者，召祸之媒也；事不慎者，取败之道也。"为官从政，一言一行都得谦虚谨慎，慎终如始，方能确保不败、不悔。

从政要慎，是因为为官者权大责重。为官者身居要职，手握重器，权力大，责任重，更须戒慎恐惧，谨言慎行，遵纪守法，恪尽职守，慎始敬终，谨防过失。如果盘算了不该盘算的事，会导致行为失范；随口说了一句不该说的话，会导致意想不到的严重后果；办事一着不慎，可能带来重大损失，甚至招来祸端。身在政界，时刻要有战战兢兢、如履薄冰、如临深渊之感，因为责任重于泰山。

今天，党的各级干部手中的权力是很大的。可以说，权中有利益得失，权中有财产万千，权中有毁誉忠奸，权中有人命关天，权中有事业成败，权中有百姓祸福。权力具有双面性，用得好几方受益，用不好害人害己。权力越大，社会责任越重，就越要头脑清醒，越要小心谨慎。

有权不可任性。只有对权力常怀敬畏之心，懂得权力背后的责任与危险，心中装着一个"慎"字，慎谋、慎断、慎行，处处谨慎，尤其在处理重大问题和敏感事务上，切忌盲目轻率、拍脑门决策，务必严谨慎重，三思而后行，才能用好权、管好权、掌好权。

前 言

从政要慎，是因为谨慎才能成事。《荀子》云："凡百事之成也，必在敬之；其败也，必在慢之。"办事如下棋，一着不慎，可能满盘皆输。成事不易，做事必须谨慎小心。明代名臣薛瑄说："圣贤成大事业者，从战战兢兢之小心来。"

谨慎思考，周密谋划，三思而行，谋定而后动，可避免出差错。凡事只有经过反复谨慎周密的思考，才会有符合客观实际的正确行动。每遇到一件事，都要进行详细的调查，掌握充分而全面的情况，反复思考，得出解决的办法，没有疑问后，再付诸实施。不深思不决策、不熟虑不行动，凡事从最坏处着眼，做最充分的准备，朝好的方向努力，争取最好的结果。

谨慎工作、谨慎做事，是从政干事的准则。多做少说，谨慎行事，不莽撞，不盲动，可避免重大失误，少犯或不犯错误。怀有谨慎之心，才能在熟悉掌握业务知识和领导方法的基础上，做到"胸中自有百万兵"，沉着冷静、应对自如。

从政要慎，是因为谨慎才能廉洁。廉洁自律是从政的底线。各级官员手中都握有大大小小的权力，掌握着或多或少的资源分配权，容易成为别有用心者"围猎"的对象。从某种程度上看，官员的工作圈、生活圈、交际圈，处处都可能被人设下陷阱，为官者必须高度警惕，慎之又慎。

一个人要廉洁自律，最大的敌人是自己。从政者要时刻保持清醒的头脑，经常从灵魂深处不断地自我警示、自我反省和自我克制，坚持"慎"字当头，开头时、细微处、私底下、无人时都要谨慎戒惧，消除侥幸之心，戒掉贪欲之心，不断筑牢拒腐防变的思想防线，不义之财不取、不正之风不沾、不法之事不干，才能做到廉洁自律、不贪不沾。

从政要慎，是因为谨慎才能树立好形象。领导者是一定范围内的公众人物，是政策的宣传者、执行者和维护者，其一言一行不仅仅代表了个人的形象，而且代表了一个单位、一级组织的形象，更是代表了党和政府的形象。干部形象非小事，日常生活中的一个动作、一句话语、一次穿戴，表面上看起来是个人的行为，实际上却代表了整个组织，会给群众留下印象。身份的特殊性决定了领导者必须谨言慎行。

领导者的言行受各种复杂的人事关系制约，这就要求其谨言慎行。古人认为，位居人上的官员，一番言语、一番沉默，一动一静，都受到别人的仰视，都被人看在眼里，不能不小心谨慎。明代名臣薛瑄说："守官最宜简外事，少接人，谨言语。"从政者一定要谨言慎行，说合适的话、做合适的事，言行举止做到有礼、有节、有度，树立可亲可信可敬、为民务实清廉的形象。

从政要慎，是因为官场多风波险阻。在官场的地位越高、权力越大，就越危险。常言道，"高处不胜寒"。位高权重的人容易被人嫉妒和憎恶，身居高位的人并不比底层的人更轻松、更安全。为官者处在各种矛盾、各种利益、各种关系的交集处，稍有不慎，就会遇到风波险阻，轻则丢官受贬，重则性命难保。

"涉世如川，行身如舟。"川流舟行，不进则退，人在仕途，须时刻保持谦卑谨慎的态度，慎始敬终，不能有丝毫狂妄放纵。即使身处顺境，有所成就，也要继续保持谦虚谨慎、不骄不躁的作风，不能沾沾自喜、得意忘形。越是平顺处越要自我警醒，以忧惧之心对待升迁，朝乾夕惕，如履薄冰，谨小慎微，防患未然，才能避免翻船失足的危险。

"善为国者必先治其身，治其身者慎其所习。"为官从政，"慎"字尤其重要。从政者应把"慎"作为一种高尚的道德修养自觉追求，作为一种优良的领导方法自觉发扬，作为一种重要的为政之道自觉践行。具体来说，要做到以下九个"慎"。

慎初。万事皆有初，欲善终，须慎初。初出茅庐的从政者，要树立正确的出发点和动机，养成良好的习惯与作风，扣好"第一粒扣子"，为从政之路开好头、起好步；慎重对待人生的每一个开始，守好第一道防线，挡住第一次诱惑，谨防一袭"白袍"被沾染，确保从政生涯有个良好的开端。

慎独。人在独处、无人注意时仍要严于律己，不做失德失范之事。慎独就是要遵从内心的道德准则，坚持自我教育、自我警醒、自我监督、自我约束，时常反思自己的行为，检点自己的作风，做到人前人后一个样、有无监督一个样、"八小时"内外一个样，做到诚实不欺、表里如一、洁身自好。

慎微。小节不拘，则大节难保；小事不慎，则大事难成。从政者的慎微，必须从慎小事、重小处、拘小节做起，特别是在生活作风问题上要慎之又慎，律己慎行，防微杜渐，从小事小节上加强修养，从一点一滴中完善自己，去小恶以保本真，积小善以成大德。

慎言。说话要深思熟虑，该说的说，不该说的坚决不说。说真话，说实话，说有益的话、做得到的话，不说假话、大话、脏话、伤害人的话，不说违反纪律和规矩的话；说话要注意时机，注意对象，把握分寸，把话说中肯、说准确、说到位，做到言必适时、言必适情、言必适度、言必有信。

慎权。权力意味着责任，风光与风险并存。权力是把双刃剑，为民谋福则利，为己谋私则害。从政者必须树立正确的权力观，摒弃特权思想，敬畏权力，谨慎用权，不专权、不贪权、不滥权，做到公正用权、依法用权、为民用权、廉洁用权。地位越高，权力越大，越要小心，越要格外谨慎。

慎欲。慎欲不是要除欲或无欲，而是要节制自己的欲望，克服那些不正当的、过度的、膨胀的欲望，通过以理导欲、以理制欲，把欲求控制在"无过无不及"的程度，常思贪欲之害、常去非分之想，非理之财莫取、非理之事莫为，做到欲不逾矩，欲不损德，欲不伤身。

慎情。要慎重地对待自己的情感，用理性驾驭自己的情感，保持情感的平和适中，不随意流露感情，更不能感情用事。要慎亲情，管好配偶子女，不为亲情营私；慎友情，择善而交；慎人情，不用公权报私恩，把情主要用在事业和为民服务上，防止为情所累、为情所困、为情所误。

慎平。越是顺风顺水，越要谨慎小心、低调行事，越要履平防险、浅水深防，谨防坦途翻车。慎平不是平庸，不能因为追求仕途平稳而拘泥保守、庸碌无为。既要有稳健务实的作风，又要有勇于拼搏的精神，始终保持热情，敢于担当，积极作为，不骄不躁，不卑不亢，稳步前行。

慎终。官怠于宦成，务惜晚节。慎终是防止功败垂成的关键。慎终，才能善终；欲善终，须慎终。从政者唯有慎终如始，修身如初，持之以恒，永不松懈，终生谦谨，始终如一，谨慎从容地走好人生的每一个台阶，小心翼翼地跨越每一个关口，才能为自己的从政之路画上一个圆满的句号。

"慎易以避难，敬细以远大。"从政者唯有努力做到慎初、慎独、慎微、慎言、慎权、慎欲、慎情、慎平、慎终，始终以慎为要，以慎为先，以慎为终，才能达到为官从政的清醒、清廉、清明之境，才能平稳走好从政之路，立于不败之地。

目 录

第一章 慎初　001

一、走好从政第一步　002
二、初履新职要谨慎　007
三、谨防第一次"破防"　012
四、莫让一袭"白袍"被染　015
五、初心是一种坚持　019

第二章 慎独　025

一、慎独乃修身之要　026
二、不自欺欺人　030
三、我心有主　035
四、学会独处　038
五、律己当自省　042

第三章 慎微　047

一、慎在于畏小　048
二、莫以贪小而为之　052
三、防微杜渐　056
四、小处不可随便　060
五、注重细节　064

第四章　慎　言　　069

　　一、尤须慎言　　070
　　二、当心祸从口出　　074
　　三、言有所戒　　078
　　四、言不在多　　081
　　五、言必有中　　084
　　六、言而有信　　088
　　七、管好嘴巴　　091

第五章　慎　权　　097

　　一、权力是把双刃剑　　098
　　二、特权思想不可有　　102
　　三、公正用权　　107
　　四、依法用权　　111
　　五、为民用权　　115
　　六、廉洁用权　　118

第六章　慎　欲　　123

　　一、欲可制不可纵　　124
　　二、官瘾要不得　　129

目录

　　三、爱财不贪财　　　　　133
　　四、莫让嗜好成祸端　　　137
　　五、诱人美色不可贪　　　141

第七章　慎情　　　147

　　一、学会控制情感　　　　148
　　二、过好亲情关　　　　　153
　　三、交友须慎重　　　　　158
　　四、不为人情所累　　　　162
　　五、树立大情怀　　　　　166

第八章　慎平　　　171

　　一、顺时不张狂　　　　　172
　　二、保持平常心　　　　　176
　　三、平稳不平庸　　　　　181
　　四、激情不能丢　　　　　185
　　五、为官须担当　　　　　189

第九章　慎　终　　195

一、慎终如始　　196
二、谨防晚节不保　　200
三、始终不懈怠　　204
四、活到老学到老　　208
五、走好"下山路"　　213

第一章

慎 初

君子慎始,差若毫厘,谬以千里。

慎初，也称慎始，戒慎于事情发生之初。初是起点，是量变的开端，决定着事物发展的方向。万事皆有初，欲善终，须慎初。初出茅庐的从政者，要有正确的出发点和动机，养成良好的习惯与作风，扣好"第一粒扣子"，为从政之路开好头、起好步；慎重地对待人生的每一个开始，一旦发现不良思想苗头和出格行为就坚决制止，不越雷池、不踩红线、不破底线，守好第一道防线，挡住第一次诱惑，避免第一次放纵，防止第一次"湿鞋"，谨防一袭"白袍"被沾染，确保从政生涯有个良好的开端。

一、走好从政第一步

从政之路并不平坦，行走仕途，难免会经历或多或少的风雨与坎坷。当干部要想行得稳、走得远，从一开始就得起好步、打好底，走好第一步。

物理学上有一个理论，说的是物体的方向性对初始的位移、力量和状态具有高度的依赖性，初始条件中一个微小的变化，都会对结果造成巨大影响。

人生的选择如同穿衣，要想衣服穿得好，扣好第一粒扣子很重要。刚当干部的新人犹如一张干净的白纸，如果"第一粒扣子"没

第一章　慎初

扣好，剩余的扣子都会扣错。"第一粒扣子"是人生的起跑线、基准线，只有"第一粒扣子"扣对了，只有第一步选对了，才能走好自己的从政之路。

常言道，"良好的开端是成功的一半"。万事开头难，为官做事有个良好的开头，就等于打好了坚实的底子，为走好未来的路提供了铺垫，才可能在仕途上行稳致远。

心理学上有一个"首因效应"，即"第一印象效应"，也就是"先入为主"带来的效果；还有一个"晕轮效应"，也叫"光圈效应"，是人们在交往认知中所形成的以点概面或以偏概全的主观印象。第一印象的好坏会持续"发酵"，会放大人们的印象，好印象会让人受益很久，坏印象则让人受害不浅。这两个效应提醒从政新人思考起好步、开好局的问题。

从政没有回头路，如果走岔了、走错了，是很难回头再来的。当干部走好第一步至关重要，如果一开始就走偏走歪，走得不端正，以后的路就会走斜走错，正所谓一步错，步步错。因此，从政之路一起步就要慎之又慎。

走好从政第一步，要信念笃定。为官从政，从事的是管理公共事务、服务社会公众的职业，须有崇高的理想信念、高远的志向抱负、博大的情怀胸襟。只有将个人的理想抱负与民族的复兴、国家的前途命运结合起来，把个人价值实现和为社会创造价值联系起来，牢记使命职责，知道"我是谁、为了谁、依靠谁"，树立正确的世界观、人生观、价值观，才能始终坚守为人民服务的信念，把执政为民当作一生的事业来奋斗。

有了笃定的理想信念，才会有正确的从政理念。如果当官为了发财，想着法子"捞钱"，搞权钱交易；或者为了"做老爷"，官越大架子越大，脾气越见长；或者为了活得风光，所谓光宗耀祖、出人头地……带着这些不纯动机和杂念进入仕途，把当官作为一条满足无穷贪欲、获得巨大私利的捷径，行为自然会走形变样，摔跟头必然是迟早的事情。

从政一开始，就要牢记"当官发财两条道"的古训，立志做大事，不立志做大官，跳出"小我"，放大格局，以"千磨万击还坚劲，任尔东西南北风"的定力，心无旁骛地勤勉工作，为党和人民做事，努力实现人生价值追求与职业、事业的完美统一。

走好从政第一步，要正道直行。正道直行，才可致远。一个人要在社会上安身立命，做人做事得走正道。走正道也许会走得慢一点，需要下点笨功夫、苦功夫，可能还会历经沧桑，但能走得稳、走得正，走得从容淡定，也走得更远，路会越走越宽阔，越走越光明。从政要走正道，不要走捷径，更不要走歪路、走邪道。歪门邪道有风险，会摔跤，最终只能伤了自己。

为政不可急功近利，不可过分热衷自我设计，成天只想着如何走得更快、升得更高，想着投机取巧抄近路；或是不愿老实干事，工作马虎潦草，搞些华而不实的花架子、假把式；或是想走捷径，把时间和精力花在"走关系""找门道"上，甚至是不择手段走错路。走歪道终是会迷途的，是走不通的。

走正道离不开厚道。年轻干部还是质朴单纯一些好，有清新的锐气和蓬勃的朝气，不可过于世故。如果学做官场"小油条"，俨然一副少年老成的样子，精明过头，给人飘浮油滑不踏实的感觉，容易让人反感或产生提防心理。当干部首先要会做人。如果"苗子"不好，一开始就心术不正，投机取巧，搞歪门邪道，注定不会有好结果。唯有执正念，走正道，做正事，才可能修成正果。

第一章 慎初

走好从政第一步，要勤勉肯干。干部干部，干是当头的，既要想干肯干积极干，又要能干会干善于干。干部是干出来的，有为方有位，要想脱颖而出，必须德才配位、业绩配位。干事担事，是干部的职责所在，也是价值所在。年轻干部要把主要精力放在干好工作上，一步一个脚印，踏踏实实，苦干实干，以责任心干好分内工作，尽快把所学知识转化为工作业绩。

要勤政务实，自觉一心一意为党和人民做事，踏踏实实干工作，心无旁骛钻业务，干一行、爱一行、精一行、成一行；要勤恳踏实地干事创业，甘心为工作吃苦、为群众吃苦、为事业吃苦，在伟大事业中贡献力量，在摸爬滚打中增长才干，在层层历练中积累经验。

要敢于担当，为了党和人民的事业，勇挑重担、敢啃硬骨头、善接烫手山芋，面对矛盾困难敢于迎难而上，敢于较真碰硬，敢于挺身而出，在破解难题中成长进步，在担当作为中收获和享受快乐。对领导交办的任务，不讨价还价，不抱怨，接过来，干好它。干好了，就是为社会作贡献，也能为自己加分，并有利于个人成长。拈轻怕重、不敢担当，既会失去锻炼的机会，也会失去成长的机会。

要狠抓落实，发扬钉钉子精神，鼓足真抓的实劲、善抓的巧劲、常抓的韧劲，坚持眼睛向下看，身子往下沉，多到基层一线和群众意见大的地方去，在解决实际问题中抓落实、促发展，在件件落实、事事见效中受益成长。如此，年轻干部的成才之路才能越走越稳，人生之路才能越走越宽。

遵规守矩。没有规矩，不成方圆。守规矩，是自律的开端，也是行为的界限。对年轻干部来说，懂规矩、守规矩，按规矩办事，才是正道，才是靠谱。要始终心中有矩，在思想、工作和生活等各方面牢固树立"边界"意识和"红线"意识，让讲规矩成为一种自觉遵循。

规矩有刚性的，比如党纪国法，单位的规章制度；有软性的，没有白纸黑字，但是经过实践检验，约定俗成、行之有效，比如尊重他人，团结同事。新到一个地方，或刚进入机关，首先要了解该领域重要的法律法规，熟悉单位规章制度，要知道该做什么和不该做什么，绝不犯低级错误。

比较难把握的是那些不成文的规矩，比如说话和做事的时机与分寸、主动作为和请示汇报的尺度、合作与竞争的关系、处事宽严紧松的程度等等。这些不成文的规矩要在工作中慢慢体验、慢慢领悟，只要用心，慢慢都会懂得。

走好从政第一步，要善于学习。年轻干部正处在长本事、长才干的大好时期，要主动学习、勤于学习，及时补充、更新和丰富自己的知识库，蓄积起强大的知识能量。

学习要结合个人实际，干什么学什么，缺什么补什么，发展什么钻研什么，不断补齐知识短板、经验盲区、能力弱项，切实解决好理论不强、能力不足、"本领恐慌"等问题，使政治素养、理论水平、专业能力、实践本领适应时代的发展要求，提升干事创业的本领。

加强业务知识的学习，按照所在岗位职责的要求，把业务知识吃透学透，掌握应知应会的基础知识和基本技能。同时，还应加强新知识的学习，对推动世界进步的新知识、新文化、新经验都应当主动学习和吸收，不断拓宽自身视野，完善知识体系，提高知识素养，用源源不断的新知识指导工作实践。

还要怀着谦卑心态，向书本学、向实践学、向领导学、向同事学、向群众学，带着问题学，在学的过程中结合工作，在工作的过程中感悟学习，互相启发促进，做到"学习工作化，工作学习化"，也就是在学中干、在干中学，两手抓、两促进，在学习与工作的良性互动中不断增强本领、提升自我，才能攻克一个又一个难题，办好一件又一件实事，实现心理的成熟和本领的增长。

走好从政第一步，要培养好习惯。良好的习惯一旦养成，将会成为一生受用的宝贵财富。要注意培养严谨细致的习惯，始终以严谨认真的态度对待工作，精益求精，认真细致，一丝不苟；注意培养节俭朴素的习惯，发扬勤俭节约、艰苦奋斗的优良传统，崇尚简朴，不奢侈，不浪费；注意培养管理时间的习惯，分清轻重缓急，把有限的时间用在刀刃上，高效利用时间，做到今日事今日毕，事不过夜、案无积卷；注重培养思考总结的习惯，遇人多观察、遇事多动脑，干中多总结、事后多感悟，完成一项工作后要复盘，总结其中的经验教训，从而改进工作方法，积累更多的人生经验和工作智慧。

二、初履新职要谨慎

就任新职，走上新的岗位，一定要谨言慎行，注意调整好心态，以谦逊低调、沉稳平和、从容淡定的心态去面对新环境，抓紧熟悉情况，理清工作思路，带好队伍用好人，尽快进入角色，迅速打开工作局面，迈出坚实的一步。

第一，尽快熟悉情况。初履新职，人地两生。要想开展工作，就要了解和熟悉情况。无论到哪里工作，上任的第一件事，就是去各地各单位走访调研，全面了解情况。

重点了解三方面的情况：一是了解人。了解本单位的人员构成和组织结构，如你的领导、下属、联系密切的部门都有哪些人，他们之间的关系如何以及围绕他们产生的相关信息。二是了解事。了解单位的工作制度和业务流程有哪些，具体都是如何运转的；你的岗位以及你手下的岗位要做什么事情，相应的流程如何，关键点控制又是如何。三是了解问题。了解你所辖领域当下存在的问题是什么，这些问题是怎么产生的，有什么不利影响。

如果到地方工作，还要了解当地风俗民情。古话说得好，"入境而问禁，入国而问俗"。每到一地，总要先了解当地的风俗习惯、人文历史。因此，要注意搞好调查研究，熟悉地情，吃透下情，掌握民情，做到心中有数，成竹在胸。

了解情况要注意方式方法。要走进基层，不要浮在上面，泛泛而谈。要俯身听取群众意见，不能只听领导成员介绍；要创造良好的沟通气氛，使大家自觉说出心里话；既要面上了解，也要在私下单独了解。听取意见要全面，不能偏听偏信，先入为主。了解人事的情况只能个别谈话，对了解到的情况要保密，切不可得言不察，信以为真，随意传播或在会上"敲打"，这样容易引起人事纠纷，使自己陷于被动。初履新职只有对工作情况和人事情况了如指掌，把存在的问题摸排清楚，才能有效开展工作。

第二，说话表态要谨慎。由于时间、空间、对象的变化，初履新职时往往不了解或不能深入了解具体情况的来龙去脉。如果上任伊始就乱发议论、乱表态，必然出错。

在履新之初，一定要慎于言，不轻率表态。到任后，要注意场合，言行得体。要深入一线，深入岗位，深入职工，多听、多转、多看，尽快熟悉情况。切忌看一路评一路。

学会延后表态。所谓延后表态，就是先听别人的意见，分析整理消化，但自己又必须先有准备，心中有数。结合大家的意见后再讲，既符合实际又全面。如果能再提炼升华一下，会更好。表态慎重，能使部属产生可靠的感觉。

第三，谋划思路要审慎。确立发展思路要从实际出发。无论是制订长远规划，还是确立近期目标，都要贯彻实事求是的原则，在结合上做文章，使规划既符合上级精神，又贴近本单位实际，体现自己的特色，具有针对性和可行性。要立足全局把握思路，强化大局观念，不仅正职要着眼全局筹划工作，副职和部门领导也要站在全局的角度考虑问题，确保各项工作协调发展，整体提高。

注意工作的继承性和连续性。任何一个地方和部门的发展都有长远的规划和思路。这个规划和思路是一届又一届领导班子的智慧结晶，需要一届又一届的领导班子去贯彻、落实、执行，不能因为领导班子换了就丢弃原来的规划，绝不能新官上任就"重打锣鼓另开张"，不加分析地把前任定的政策措施全部推翻，以至于出现"一个将军一个令""上任挖沟现任填，前任栽树后任砍"的现象。

新官要理旧事。新官不理旧事、新官不理旧账的做法，容易堆积矛盾、失去做事的基础，不利于各项工作的承前启后，是完全不可取的。如果前任工作的结果不利于工作的开展，也要对事不对人地低调处理，使不利影响降到最低。

第四，人事调整要慎重。上任伊始，用人尤须谨慎，不搞大换岗。人的问题是最敏感的问题之一，刚到任，你情况不明，立足未稳，如果凭着上任前后的短时间内了解到的一点情况，就急于调整干部，肯定会带来很多麻烦，甚至导致工作无法开展。因此，千万不能急搞岗位大调整，应暂时保持人员稳定，在工作中注意观察，在下属中听取意见，了解、发现人才，慢慢构建合适的骨干队伍。

初到领导岗位，如果没主见，耳根子太软，就会有人奉承讨好，容易形成"小圈子"。因此，面对单位原有的人员时，要保持清醒的头脑，要慎始戒初，克服以近为亲的用人心态，做到耳聪目明、兼听去伪、任人唯贤、用人以公，让品行好、肯干事的人登上舞台，让他们有干头、有奔头，这样才能更好地团结他人，推进工作。

新任领导要坚持对所有干部一视同仁，不能有意无意地逆前任领导而动，一上来就对人事安排大肆调整，不要搞"大换血"，只需换掉该换掉的人，起用该起用的人，将有德才有能力的人安排在核心岗位上，由此逐步把各方面关系理顺，以保持领导权力的平稳过渡和工作的顺利开展。

第五，慎烧上任"三把火"。常言道，"新官上任三把火"。"三把火"该不该烧，什么时候适宜烧，都要从实际出发。切不可求成心切，操之过急，更不能为了烧"三把火"而瞎折腾。

对于上任之初的领导者，工作环境是新的，工作职责也是新的，在情况不明、心中无数的时候，如果不顾实际，盲目追求"新官上任三把火"的轰动效应，不仅会给下属留下好大喜功的印象，自己的工作也会陷入被动局面。

因此，要保持既积极又稳妥的心态，要先"拾柴""储油"，再去考虑这把火怎么烧。"烧火"要找准点火位置，选准工作突破口。要选择和当前中心工作相关的重点难点问题；要选择条件比较成熟，经过努力有把握解决的问题；要选择大家最关心最迫切需要解决的问题，特别是前任领导悬而未决的遗留问题。突破口选准以后，就要集中力量，抓住不放，一鼓作气，借助天时地利把"新火"烧旺。

领导开局，不管是谋事干事，还是管理队伍，都要坚持"稳中求进"的基调。要摒弃"干事心切"的心理，先想方设法融入组织、进入角色，等情况熟悉了，局面能够掌控了，再按照自己的想法和思路，逐渐寻求改变。工作要出彩，要获得群众认可，工作方法、行事风格等因素固然重要，但也不能忽视控制力。控制力就是驾驭局面的能力，是领导管人、带队伍，并使他们服从而行动的能力，是稳住人心的能力。一个新领导来了，短时间内支持者有之，观望者有之，怀疑者有之，即大家的心不是太稳。心不稳，什么事都不好办。因此，一定要注意稳住人心、赢得人心，然后赢得工作主动。

一位官员新到一地，在上级、同级，特别是广大群众中形象如何，直接影响着其今后工作的开展。起步开局要掌握两个维度：美誉度和知名度。美誉度即口碑，知名度即名气。一定要把美誉度放在前面，然后再考虑知名度。切忌颠倒两者的关系，一心想着出人头地，这样容易栽跟头。一定要通过自己勤奋的工作和良好的形象来赢得群众的信任和支持。

三、谨防第一次"破防"

慎初,就是慎重地对待事情的开始,一经发现不良思想苗头和出格行为,必须坚决及时制止,行所当行,止所当止,确保有一个良好的开端。防止一念之差,一失足成千古恨。

慎始,是走向成功的第一步,是抵挡诱惑的第一道防线。慎始,是古人修养身心、完善人格的一种自省和防范。自古以来,有识之士都把慎始作为修身处世的重要原则。明代名臣薛瑄说过:"谨其始,乃可以虑其终。"

从政者要善终,必先慎始。《礼记·经解》说:"君子慎始,差若毫厘,谬以千里。"意思是说,出发点上差一点,结果就会差千里,甚至南辕北辙。"笃初诚美,慎终宜令。"一个人要慎终,就要从慎始开始,抓住了慎始,也就为慎终打下了基础。

"一"是万物之始。世界上任何事物的发展变化,都有一个由小到大、从量变到质变的演变过程。初之不慎,是走下坡路的起点。而有了第一次,往往便会有第二次、第三次,最终听之任之,一发而不可收,最后自己毁掉了自己。现实生活中的"第一次",往往容易演变为"最后一次"。所以,守住"第一次"非常重要。

修身自律,尤须注意第一次,把握好第一次。万物之发端在于"一",干坏事都是从"一"开始的,第一次干或不干,对每个人都是严峻的考验。第一道防线被冲破了,往往会"兵败如山倒";第一道闸门一旦打开,欲望的洪水就会一泻千里。

明人张瀚《松窗梦语》中有这样一个故事:明代兵部尚书王廷相一天乘轿刚好遇上大雨,轿夫恰巧穿了双新鞋,开始时,轿夫非常小心，总是"择地而行"，怕弄脏新鞋，后来一不小心，踏进了泥水中，之后便"不复顾惜"了，无所顾忌地在泥水中走下去。王廷相感叹道："居身之道，亦犹是耳，倘一失足，将无所不至矣！"

大凡生活中身败名裂的事，大抵都始于"第一次"，第一次贪污，第一次吃喝，第一次收礼，第一次受贿，第一次出轨，一发而不可收。有些人正是有了"第一脚""第一次""第一口"，逐渐由小心谨慎到"不复顾惜"，进而破罐子破摔，弄得一身污浊，受人鄙视和唾弃的。

贪欲的闸门一旦开启，就如同打开潘多拉魔盒一样无法遏制。只要挡不住第一次，就会有第二次、第三次……贪婪之心与日俱增。当贪婪越积越多的时候，就会无视党纪国法，不再顾惜自己的形象与前途，胆大妄为，胡作非为。正如坊间所言："常在河边走，哪有不湿鞋；既然湿了鞋，不如洗个脚；反正洗了脚，干脆洗个澡。"

为官者一定要时刻把握住自己，认真对待生活中的每个"第一次"，把好第一道关口，守住第一道防线。警惕了"第一次"，就容易守好"每一次"，不正之风和腐败现象就找不到可乘之机，在廉洁与腐败、正义与邪恶的较量中，才能永远立于不败之地。

谨防一念之差。贪与廉，对一个人来讲，只不过是一念之差。生活在这个流光溢彩、诱惑遍地的世界，为官者必须保持清醒的头脑和冷静的目光。如果面对诱惑，意志不坚，态度暧昧，守不住底线，就很容易成为诱惑的"俘虏"。明代学者吕坤在他的《呻吟语》中说："一念收敛，则万善来同；一念放恣，则百邪乘衅。"从政者一定要从内心里加以防范，防止因一念之差而误入歧途，不让"一念之差"成为"一生之痛"。

不要自我开脱。一些人在第一次面对诱惑考验时,也会犹豫、心虚、自责,但终究未能战胜自己,有的还以"就这一次,下不为例"为托词替自己开脱,其实是在麻痹、欺骗自己。"贪如火,不遏则燎原;欲如水,不遏则滔天。"不少贪腐的官员,都是从一顿饭、一杯酒、一条烟、一个红包开始堕落的。

不可心存侥幸。一些人总认为,只要不搞大腐败,捞点蝇头小利不会被追究。殊不知,正是这"小节无害"思想,助长了他们的侥幸心理,促使他们迈出越轨的第一步,从而一而再,再而三,越陷越深。陈毅元帅有句名言:"手莫伸,伸手必被捉。"侥幸的结果往往是不幸。大仲马在他的名著《基督山伯爵》中说道:"人类的过错,在未犯之先,总觉得自己有很正当的理由,是必须的,于是,在一时的兴奋、迷乱或恐惧之下,过错铸成了。"只有时时、处处、事事谨慎,才能止犯错于未萌,才能始终"不湿鞋"。

人在仕途,在形形色色的诱惑面前,在看似正当的理由面前,要经得起诱惑,把握尺度,知道什么可为、什么不可为,管住自己,学会说"不",把好第一关,守住第一道防线,防一念之差而误入歧途,防一时冲动而失去理智,防一步不稳而跌落泥坑,防一蚁之穴而毁掉千里长堤。

人生于世,道阻且长,尤须慎始。作家柳青说过:"人生的道路虽然漫长,但紧要处常常只有几步。"走错了第一步,便有可能走上不归路。从政者务必扎紧思想的篱笆,心不贪,手莫伸,要认真对待"第一次",高度警惕"第一次",果断拒绝"第一次",坚决守住"第一次",严防走向自我毁灭的"第一次"。

四、莫让一袭"白袍"被染

慎初，很重要的一个方面，就是在廉洁问题上一开始就要非常谨慎，注意防范，严守底线，违反党纪国法的口子一次也不能开，以权谋私、贪污受贿的事一桩也不能干，始终做到干干净净、清白无污。

刚刚当了干部，走上领导岗位，就像一张白纸，可以在上面画最新最美的画，但也容易被墨汁弄脏。就像一件白色的衬衣，穿起来让人显得清爽干练，但也容易被油渍弄污。

南宋名臣、文学家洪迈 10 岁的时候，因事随大人路过衢州白沙渡，在酒馆旧壁上看到一首《油污衣》。诗云："一点清油污白衣，斑斑驳驳使人疑。纵饶洗遍千江水，争似当初不污时。"洪迈感触很深，几十年后仍记忆犹新，将此诗载入他的《容斋随笔》。

到了明代，一个"白袍点墨"的故事又为《油污衣》作了生动的诠释。据明朝何良俊所著《四友斋丛说》记载：明代将军山云被朝廷派到广西做总兵。山云初到广西时，听说当地有送礼受贿的风气，就问衙门里一位性情刚直的老吏郑牢："我是不是该'入乡随俗'呢？"郑牢说："您到广西做官，就'如一新洁白袍'，千万不能'入乡随俗'，否则，'白袍点墨'，就永远洗不干净了！"山云又问："如果不收礼，当地人不高兴怎么办？"郑牢说："朝廷严惩贪官，你杀头都不怕，反倒怕那些人不高兴？"山云觉得郑牢说得有道理，于是辞掉所有馈赠，严格自律，在广西做官十余年，廉洁操守始终未变。

作为一个官员，无论级别高低、功劳大小，假如在廉洁上出了问题，已有的成绩和声誉都将毁于一旦，一切归零。正因为"白袍"洁白、洁净、干净，才更易污、易脏、易染。一旦污染，无论怎么洗，都难以恢复原样了。

在官场中，面对各种各样的诱惑、有形无形的陷阱，要保持本色并不是件容易的事，务必慎染。

《墨子·所染》记载了一段故事：墨子看见有人在染丝，感叹道："丝放到青色的染缸里就成了青色，放到黄色的染缸里就成了黄色。所投入的染料变了，丝的颜色也随之改变。把丝投到五种颜色的染缸里染几遍，它就会带上五色了。因此染丝不能不慎重啊！"

人性是有弱点的。初入仕途之时，无不是一袭"白袍"，也都想"一尘不染"，但随着自己职位渐高、手中权力变大，如果不能保持头脑清醒，不能自我警醒，一旦禁不住诱惑，让一袭"白袍"为"污墨"所沾染，一发而不可收，最终毁掉的是清白人生，留下的是无限悔恨。

"白袍点墨，终不可湔"，警示从政者要始终保持一袭"白袍"，必须时刻保持警惕，谨慎行事，慎初慎始。

贪腐的发生，没有年龄之分、早晚之别，也不一定在位高权重时，一些刚参加工作不久的年轻干部，一些刚走上领导岗位的新人，同样存在不可忽视的腐败问题，有些90后干部"三十而坐"陷贪墨，"早节不保"，还没起跑就摔倒，终生不可洗濯，实在令人扼腕叹息。

在廉政问题上，之所以要注重慎初慎始，是因为越是优秀的人，越是年轻有为的人，面临贪腐的风险越大。虽然没有身居高位，但他们往往被安排在重要岗位、关键环节，经常处于权力较为

第一章 慎初

集中或资金较为密集的部门或岗位，因而手中也掌握着一定的权力或资源。有的年轻干部只是普通办事人员，但其处于财务、出纳、税务、审批等权力集中或资金密集的岗位，因而掌握了便于贪腐的"微职权"。

现在的年轻干部大多是从家门到校门、再到机关门的"三门干部"，起步早，成长快，思维活跃，但政治锻炼、社会阅历、基层历练相对不足，对自身角色以及手中的权力没有清醒的认识和敬畏，鉴别能力比较弱，定力、自控力不强，容易被所谓的人情世故蒙蔽，容易受到利益的诱惑，遇到挫折时可能难以自我调节，从而心态失衡走上违纪违法之路。

受浮华世风和消费主义的影响，少数干部价值观错位，爱慕虚荣，不比奋斗比享乐，不比努力比投机，热衷于吃喝玩乐，追求低级趣味，精神追求的贫乏让他们淡化了纪法意识，被少年得志、不良嗜好和物质欲望冲昏了头脑，恃权傲物，迷失了自己，误入了歧途。

社会上有一些心机很深的人，特别喜欢"围猎"年轻干部，这是因为，一方面，这种"投资"回报率高，优秀的年轻干部将来很可能成为高级别的领导干部，发展潜力大，是拉拢成本较低的"潜力股"，值得"趁早下手"；另一方面，一些年轻干部防范心不强，辨别能力不足，在金钱、情感等多重诱惑下，容易掉入圈套。

因此，在廉洁问题上，从政之初就要非常警觉、非常小心。这方面可以向古代先贤、北宋清官包拯学习。

包拯以清廉公正闻名于世。包拯入仕前在庐州求学，与一李姓同学同住。因品学兼优，他深受时任庐州知州刘筠的嘉许，故而声名大振。当地有一富豪，很想结识青年才俊，多次邀请包拯和李姓

从政九慎

同学去家中赴宴。李姓同学觉得盛情难却，想应邀前往，包拯却严词拒绝，并劝告同学说："彼富人也，吾徒异日或守乡郡，今妄与之交，岂不为他日累乎？"意思是说，现在与这些富人吃吃喝喝，好像是非常惬意的事，可如果有一天我们到这里来做官，岂不是要受他们的牵累？十几年后，包拯果真出任庐州知州，在任期间未被人情私交困扰，始终做到了刚正不阿、克己奉公。

对从政者来说，要做到慎初慎始，并不那么容易。清代郑端《政学录》有告诫："事必谋始。莅事之初，士民观听所系，廉污贤否所基，作事务须详审，未可轻立新法，恐不宜人情，后难更改；持身务须点检清白，切不可轻与人交，恐一有濡染，动遭钳制，不但贿赂可以污人而已。"

廉洁是为官之本，是从政最基本的品格要求。如果在廉洁上出了问题，不论轻重，都是人生难以洗刷的污点，定会断送自己的事业前程和政治生命，付出高昂的代价。因此，廉洁自律的弦任何时候都不能松，党纪国法的底线任何时候都不能破，克己奉公的操守任何时候都不能丢。

"不要人夸好颜色，只留清气满乾坤。"为官从政，不论职务高低，都要把廉洁奉公、为民谋利放在第一位，像鸟儿爱惜羽毛一样爱惜自己的美誉，修身从善，洁身自好，常除心中墨，勤拂身上尘，守身如玉，一介不沾，让一袭"白袍"始终洁净如初、洁白如新。

五、初心是一种坚持

初，是个时间概念，指初始、开始、起初；心，是人的意识、心理。

初心，就是本心、本意，指做某件事的初衷、最初的缘由，简而言之就是最初的心愿、念想、梦想、目标。

东晋史学家干宝所著的《搜神记》就有"既不契于初心"一语。在中华传统文化中，佛教较早直接使用"初心"一词，其意即初发心、初发意，指佛教徒刚踏入佛门时，心中秉持的那颗当仁不让的成佛利生之心，那份最真诚质朴的求法向道之愿。佛学中，最看重的就是这份初心，认为发心最真实、初心最珍贵。只要有了这份初心，就能走上成佛之路，修成正果。华严宗四祖澄观《华严经疏》解释说："初心为始，正觉为终。""不忘初心，方得始终"的说法即从此演化而来，意思是只有坚守本心信条，才能德行圆满。

"不忘初心"一词，目前已知最早出自唐代白居易散文《画弥勒上生帧记》："所以表不忘初心，而必果本愿也。"意思是说时时不忘最初的心意，最终一定能实现其本来的愿望。

每个人都拥有自己的初心，它是年少时写在笔记本里的人生理想，是恋爱时的第一次萌动，是刚刚参加工作时的踌躇满志、意气风发。初心是纯洁、热烈、美好的，难怪纳兰性德要说"人生若只如初见"。

初心是一切美好的本愿，初心又是多种多样的，有大有小，有远有近。

孔子"朝闻道，夕死可矣"，张载"为天地立心，为生民立命，为往圣继绝学，为万世开太平"，马克思"为人类而工作"，周恩来"为中华之崛起而读书"，这是大的、高远的初心；现实中一些人，有的追求一门自己喜欢的技艺，有的期望有一份体面的工作，有的希望努力赚钱回报父母，这样的初心相对小一些、现实一些，但都是真诚的、可贵的，是值得珍惜、值得坚守的。

守得初心，方得美好。初心，它是人生起点的希冀与梦想，事业开端时的承诺与信念，低谷坎坷中的坚持与担当。初心包含着真诚与进取的精神品格，时刻提醒人们牢记来时的路、看清脚下的征程，只有始终坚持，执着追求，才能抵达理想的彼岸。

初心对从政者来说尤为重要。绝大多数为官从政者的初心，主要是有志于公共事务，为了促进社会的和谐与进步，为了在服务他人、治理社会、报效国家的奋斗中发挥才智，有所作为，作出贡献，体现自我价值，获得成就感和满足感。对今天党的干部来说，共同的初心就是为中国人民谋幸福、为中华民族谋复兴。

初心是宝贵的，守住初心更是不易。因为随着时间的流逝、环境的变化，若不注意，初心很容易改变。初心一旦改变，就会迷失奋斗目标和前进方向，最初确立的目标自然无法实现，甚至会跟最初的目标南辕北辙。

从落马官员的案例来看，大多数人在从政之初，还是踌躇满志、一腔热血的，誓言清正廉洁，决心为党为人民好好工作，在干事创业、服务群众中实现人生价值。可惜后来，他们没有兑现当初的诺言，在复杂的社会生活和执政实践中，思想蜕变了，忘记了初心，迷失了方向。有些人背离了初心，活成了自己年轻时憎恶的样子。归根结底，几乎所有违法犯罪官员腐化堕落的根由，都可以概括为四个字——初心不再。

如果忘记了初心,就不知道为什么而来,又要到哪里去,难免是要走到歧路上去的。正如纪伯伦所说:"我们已经走得太远,以至于忘记了为什么出发。"有人说,不少贪官都经历过苦难的童年、奋斗的青年、上升的中年,最后都走向悲惨的晚年。这也从反面说明,初心豪迈不难,最难的是永葆初心。

初心不能忘,忘了就意味着信念动摇,就意味着品格变色,就意味着背叛自我。初心诚可贵,坚持价更高。不忘初心,坚定内心最初的愿望,时刻牢记来时的路,看清脚下的征程,专心致志,一以贯之,才能让自己目标不漂移、思想不滑坡、意志不衰退,才能在仕途上沿着正确的方向平稳行进,才有可能抵达成功的彼岸。

不忘初心,贵在立志高远。保持初心意味着不忘初衷,坚守自己最初的信仰和志向。志分大小,又存高下。庸俗狭隘的理想会限制人们的格局,而远大的理想则可以拓宽人们的眼界和器量。当人们有了高远的目标时,就不会因为琐碎的东西而迷失方向、失去动力。

一个干部志向的高低,可以反映其"三观"的高下,可以反映其政治品格和精神境界的高低,也可以影响其事业心、工作热情和工作水平。理想信念是坚守从政初心不可或缺的精神支撑和精神动力。对从政者来说,对"当官图什么"一定要心中有数,对"为何从政、如何从政"要有清醒的认识,应当"好好想一想参加工作是为什么,现在当官应该做什么,将来身后应该留点什么",这些问题想清楚了,处理好了,从政的境界高了,才不会干出犯浑的事来。

树立高远的志向,坚守纯洁的信仰,对从政者来说是根本性的大问题。从政者应当志存高远,政治站位要高,树立崇高的政治理想,胸怀民族振兴的报国为民之志,把个人的价值融入党和人民的最高利益,使之成为人生的最高价值理念和追求的最高目标,解决好"为什么而奋斗终身"的"大目标"问题,为自己的工作注入不懈的动力和激情。这是从政之基,也是官德之本。

践行初心,重在勤政为民。从政为官,最大的价值当体现在为人民服务之中。"全心全意为人民服务"是党的根本宗旨,"立党为公、执政为民"是党的执政理念,这是执政党的行动自觉,也是历史的必然要求。官员是为人民群众和公共事业服务的,手中的权力来自人民,理应为人民服务。勤政为民,可以说是对为官者最起码的官德要求。

干部是人民的公仆,要永葆赤子之心,时刻不忘自己也来自群众,心里始终装着群众,一切为了群众,一切依靠群众,始终把群众当亲人,诚心诚意为人民服务,想问题、办事情、作决策自觉把人民群众"拥护不拥护、赞成不赞成、高兴不高兴、答应不答应"作为衡量尺度,真诚倾听群众呼声,真情关心群众疾苦,真心解决群众困难,致力于实现好、维护好、发展好人民群众的根本利益,始终保持同人民群众的血肉联系。

为官从政,身系百姓,恪尽职守、服务群众就是本分,干好本职、为民谋福才是正道。越是身居高位,越要牢记本分,尽到为民之责。要把人民赋予的权力用来为民办实事做好事,解决群众的操心事烦心事,多做雪中送炭的事情,以造福于民的实际成效取信于民,把执政为民当作一生的事业来奋斗。

恪守初心,难在坚韧不拔。初心易得,始终难守。一个人步入政坛，从政的初心虽然高尚，但也难免要经受权力、金钱、人性的考验，要经受奢靡、浮躁、从众之风的考验。面对各种腐朽思想和不良风气的侵蚀，没有人存有天然免疫力，防范上也没有任何捷径可走，要使初心不受侵害，唯有悉心呵护和坚守。

坚守初心，是一个"本我"与"非我"斗争的过程。人非圣贤，在各种考验和选择面前，在内心发生"本我"与"非我"的斗争也是正常的，关键要正确把握。绝不能一次未得到提拔就郁郁寡欢，一次工作受挫就一蹶不振，也不能因一时顺利就忘乎所以，以至于忘记了为什么出发，逐渐偏离正确的轨道。"君子之仕，不以高下易其心。"坚守初心要摆正心态，正确对待进退得失，多一些静心和耐心，恪守内心的从容和淡定，才能坚定不移、矢志不渝地往前走。

初心如磐、笃行致远，就是初心要像磐石一样坚定，坚持知行合一，言行表里如一，注重实践，最后才能实现自己的目标。守初心，最要紧的是不分心、不走神、不松劲、不懈怠，时常在思想上进行自我检视、剖析、反思，不断去杂质、除病毒、防污染，始终心中有戒，不为七情六欲所惑、不为私心杂念所扰、不为个人名誉所累，始终不为"乱花迷了眼"，多一些韧性和定力，始终把得准方向、稳得住心神、站得住脚跟，在向前的道路上行稳致远、久久为功。

唐宣宗年间的宰相、魏徵的四世孙魏扶到年轻时考科举的贡院故地重游，不禁感慨："曾是昔年辛苦地，不将今日负初心。"新时代从政者的初心，当然不同于皇权社会官僚的初心，但这种"不将今日负初心"的意识仍然值得肯定。

不忘初心，方得始终。初心，是一种信念，也是一种坚持。人在仕途，就要用恒心守护初心、用执着诠释坚守，坚定信念，认准目标，勇毅前行，百折不挠，就一定能不断开辟发展的新境界，攀登人生的新高峰。

第二章

慎 独

诚于中，形于外，故君子必慎其独也。

慎独，是指人们在独处、无人注意时仍能严于律己，谨慎地对待自己的所思所行，不做有违道德和法纪的事情。慎独是自我完善的必修课，是修身律己的理想境界。对今天的从政者来说，慎独就是要遵从内心的道德准则，坚持自我教育、自我警醒、自我监督、自我约束，时常反思自己的行为，检点自己的作风，做到人前人后一个样、有无监督一个样、"八小时"内外一个样，做到诚实不欺、表里如一、洁身自好。

一、慎独乃修身之要

慎是谨慎、戒慎、慎重的意思；独是独处、独自的意思。

慎独，就是个人在独处而无人监督的情况下，仍能自觉地严于律己，克制邪念，谨慎地对待自己的所思所行，不做违背道德和法律的事情。

慎独，是我国古代儒家创造出来的自我修身方法，能否坚持慎独，是衡量人们修身功夫深浅的重要标尺。它强调的是一种不假外力的内在约束，即"心律"，也就是内心的自我约束、自我管理。在儒家思想里，君子是教育所追求的理想人格，而慎独是"入德之方"。

第二章 慎独

儒家经典《大学》中说："所谓诚其意者，毋自欺也。如恶恶臭，如好好色，此之谓自谦。故君子必慎其独也。"又说："诚于中，形于外，故君子必慎其独也。"这是强调慎独要"诚其意"而"毋自欺"，即意念真诚、自然，就是真实地面对内心，把真实的自我表现出来，而不要去欺骗自己。"慎独"是与"诚意"紧密联系在一起的，就是说君子做事情要发自肺腑、真心实意，不能仅仅是为了演戏给别人看，从而骗己骗人。诚意、不自欺，是慎独的至高境界。

《中庸》里讲："道也者，不可须臾离也，可离非道也。是故君子戒慎乎其所不睹，恐惧乎其所不闻。莫见乎隐，莫显乎微。故君子必慎其独也。"即说"道"是不可以片刻离开的，如果可以离开，那就不是"道"了，所以君子要学会慎独。一个人的德行，越是在隐蔽的地方越是明显，越是在细微的地方越是显著。因此，君子在一人独处时也是谨慎的。

慎独是达到诚意的必由之路，是自我完善的必修课，是提升道德修养的重要方法。宋代哲学家朱熹说："君子慎其独……表里内外、精粗隐显，无不慎之，方谓之'诚其意'。"明代学者刘宗周指出，"慎独之外别无功夫"，"自昔孔门相传心法，一则曰慎独，再则曰慎独"。晚清名臣曾国藩说："慎独则心安。自修之道，莫难于养心，养心之难，又在慎独。能慎独，则内省不疚，可以对天地质鬼神。人无一内愧之事，则天君泰然。此心常快足宽平，是人生第一自强之道，第一寻乐之方，守身之先务也。"慎独在修身中享有无可替代的宗旨地位。

慎独，于己是心安，于人是坦荡。因此，慎独作为一种修身之道、一种道德自觉，一直深得古代先贤的重视。南宋哲学家陆九渊所说的"不自欺"、宋代学者袁采所说的"处世当无愧于心"、清代康熙皇帝所说的"暗室不欺",都是对慎独的最好诠释。虎门销烟的民族英雄林则徐在其居所悬挂了一块醒目的横额,上书"慎独"二字,以警醒、勉励自己;曾国藩的"日课四条"——"慎独、主敬、求仁、习劳",以及"慎独则心安""主敬则身强",都说明了"慎独"在他们人生中的重要地位。

历史上最有名的慎独故事当数"暮夜却金"的故事:东汉安帝时,杨震奉命出任东莱太守,途经昌邑县,县令王密为感谢杨震的知遇之恩,夜里怀金十斤馈赠,被杨震果断拒绝。王密说:"暮夜无知者。"杨震答道:"天知,神知,我知,子知。何谓无知!"王密听后,羞愧地出来了。因此,杨震也被人称为"四知太守"。杨震所讲的"四知"是在强调,人对自己的意识是最清楚的,绝不能做了亏心事还要自我欺骗。

慎独,是对一个人品德修养最有效的考验,是最能检验德行的"试金石"。独身自处、无人监督时,远离大集体、聚光灯和风暴眼,少了外界的压力、没有他人的监督,道德修养可说是"存乎一心"。这个时候,最见一个人的修为。一般来说,在工作时间与公众场合,在一些大的事情上,由于存在组织、同事和群众的监督,为官者往往能够检点自己的言行,不太容易出格失态,遵纪守法相对容易;而在"八小时"之外,处于私人空间、言行没人监督的情况下,就比较容易放纵自己,突破为官做人的底线,独善其身比较困难。

一个不知慎独、不能慎独的人,是很难严以律己、自我约束、自我控制的。如果心存侥幸,认为自己手段高明,拿了无人看见,贪了无人知晓,那就大错特错了,这只不过是自欺欺人,掩耳盗铃，痴人说梦。

不慎独，栽跟头是迟早的事。许多落马官员的堕落轨迹证明，原本一些"好干部"之所以一步一步沦为"阶下囚"，无不是从思想上出现"缝隙"，难以"慎其闲居之所为"开始。这些人，或是在"月黑风高无人见"的自欺欺人中乱了心智，或是在金主朋友"你知我知天知地知"的花言巧语中迷失了方向。从他们的忏悔书中也不难发现，多数权权、权钱、权色交易的黑恶勾当都是在私底下、无人时完成的。

慎独是一种根植于内心的修养、一种无须提醒的自觉、一种时时用道德和法纪约束自己的境界。慎独作为自我修养方法，不仅在古代的道德实践中发挥过重要作用，而且对今天的官德培养、官风养成具有重要的现实价值。今天的官员比古代官员面临更多的诱惑和陷阱，因而慎独就更为重要。

作为从政者，无论何时何地，都要明白来自制度和监督的他律固然重要，但更多的时候却要靠慎独这种自律功夫。纪律规矩是建立在高度自觉基础之上的，光靠强制很难保证一个人不犯错误。对执政党的干部而言，慎独就要把党性原则与个人修养相结合，把中华民族传统美德与当代价值观相结合。刘少奇曾在《论共产党员的修养》中指出，对认真进行道德修养的共产党员来说，"即使在他个人独立工作、无人监督、有做各种坏事的可能的时候，他能够'慎独'，不做任何坏事"。

对领导干部来说，慎独是加强自我修养的一门必修课，应把慎独作为人生的重要信条，终生坚持。要把慎独与"不自欺"、与"无愧于心"联系起来，时时处处慎思慎行，无论何时何地，无论在什么情况下，在生活圈、社交圈等远离公众视线的私人空间，都要自觉地以道德标准要求自己，严格用党纪国法约束自己，绝不懈怠，始终在道德上坚守清白，在精神上追求高尚，在行为上坦荡磊落，做到"事无不可对人言""此心光明"。不管别人知道不知道，不管人家赞扬不赞扬，不管上司在场不在场，也不管身处顺境还是逆境，都要慎独自守、洁身自好，努力保持道德节操。

从政者做人行事，必须常修为政之德、常思贪欲之害、常怀律己之心，时时心存敬畏而不存侥幸，时时保持清醒而不犯糊涂，时时保持警觉而不为外界左右，在学习、工作和生活中，说老实话，干老实事，做老实人，不伸不该伸的手，不拿不该拿的物，不吃不该吃的饭，不去不该去的地方，尤其是在私底下、无人时、细微处，更要如履薄冰、如临深渊，始终不放纵、不越轨、不逾矩，做到"八小时"内外一个样，在家在外一个样，人前人后一个样，台上台下一个样，有无监督一个样，始终做到表里如一，才能"独行不愧影，独寝不愧衾""仰不愧于天，俯不怍于人"。

二、不自欺欺人

慎独，就是不自欺，就是为人处世不欺暗室，无愧于心，就是在一个无人知晓的幽暗空间里也不想做坏事，不敢做坏事，不会做坏事，始终严守自己的操守。

《中庸》说："君子戒慎乎其所不睹，恐惧乎其所不闻。"君子在无人看见的地方也要小心谨慎，在无人听得到的地方也要恐惧敬畏。这里的"不睹""不闻"之地又称为"暗室"，要做到不欺暗室，即在无人看见的地方，也不做亏心事。骆宾王《萤火赋》有言,"类君子之有道,入暗室而不欺",有德行的人即使在别人看不到的地方,也不做见不得人的事情。

慎独,就是在幽隐细微处严格要求自我,严防非分之念和违德之事,这样的人才能有高风亮节,故曰"暗中不欺隐,明中有受用"。明代洪应明在《菜根谭》中赞道,"小处不渗漏,暗处不欺隐,末路不怠荒,才是真正英雄"。

慎独之人,无论何时何地,都不会欺骗自己,不会迎合他人,更不会在独处时便放纵自我。他们对世间万物有着一颗敬畏之心,平日里能规范自己的举止,反省自己的言行,做事无愧于天,无愧于地,无愧于自己的内心。

汉代刘向《列女传·卫灵夫人》有一则"不欺暗室"的故事:春秋时期,一天晚上,国君卫灵公和夫人闲坐,听见外面有辚辚的车马声,可是到了大门口声音却停了,过了一会儿又响了起来。卫灵公问夫人:"你知道是谁吗?"夫人说:"应该是蘧伯玉。"卫灵公问:"你怎么知道?"夫人说:"从礼节上讲,做臣子的人走过宫门前时,应该要下车行礼,表示对君主的敬重。正人君子不会在大庭广众信誓旦旦,不会在黑暗中改变自己的操守。蘧伯玉是一个德智兼备、临事不苟的贤大夫,绝不会因为黑夜没人看见就废礼,所以我认定是他。"卫灵公派人去看,果然是蘧伯玉。

这就是典故"宫门蘧车"的由来,后引申为成语"不欺暗室",形容人光明磊落、表里如一,做到慎独自律。像蘧伯玉这样的贤人,总是对自己的道德与行为有明确的要求,而且一直认真按照这些要求去做,不管在别人看得见或看不见的地方都是如此。

实际上,在别人看不见、听不见的所谓"暗室",自以为"独",实则不独,因为至少有一个人知道,那就是自己。因此,

从政九慎

要做到不欺暗室，先要做到不自欺，不能欺骗自己的良心，不能做愧对良心的事情。

清代官员叶存仁，从政三十余载，清正廉洁，从不苟取。离任之际，说好前来送别的僚属们迟迟未来。叶存仁一直等到深夜，才看到一艘小船缓缓驶来，原来叶存仁的僚属们以为他白日不收礼，是害怕被人看见后嚼舌根，因此选择在深夜悄悄前来赠送离别礼物。叶存仁见状将礼品原封退回，并赋诗一首相赠："月白风清夜半时，扁舟相送故迟迟。感君情重还君赠，不畏人知畏己知。""不畏人知畏己知"已经成为他的自觉坚守，因而在别人看不到的时候也能够心存敬畏，慎重行事，不自我欺瞒，人前人后表里如一。

不欺暗室，就要对外不欺人。常言道，"世界上没有不透风的墙"。世上没有瞒得住的事，再机密、自认为天衣无缝的事也会泄露出去。一件事只要你干了，就会留下蛛丝马迹，一时没人知，之后总会有人知的。纸终包不住火。只要做了违法乱纪的事，即使隐藏得再好，迟早都会被曝光，终将受到法律的制裁。

"若要人不知，除非己莫为"，道理人人都懂。但现实生活中，还是有人抱着侥幸心理铤而走险，自认为别人贪点、收点好处都没事，坏运气怎么会偏偏轮到自己头上；也有所谓的"两面人"，自以为伪装得好，可以掩人耳目。事实证明，该来的早晚会来，自欺欺人最终会害了自己。

怕人知道的事，千万不能干。一旦欺骗他人，事情做得再隐蔽细微也会被人发现，这样道德就有了瑕疵，就会被人所鄙视。只有懂得慎独不欺人，才能走得更稳更远。

所以，为官者办事一定要正大光明，公开公正，把事做在明

第二章 慎独

处。"君子防未然，不处嫌疑间"，为避免许许多多不必要的纠葛，就应该"瓜田不纳履，李下不正冠"。

据史料记载，司马光当宰相时，写了一张"客位榜"悬挂于客厅，其中有这样一段话："至于整会官职差遣、理雪罪名，凡干身计，并请一面进状，光得与朝省众官公议施行。若在私第垂访，不请语及。"意思是说，至于处理官职的委派、平反罪名等，凡牵涉到自身的，都请送来状纸，我和朝里众官商议施行。如果是到我家私访，请不要来谈。司马光以告示的形式，表明了自己不在私宅议公事、不受私人请托、不收受贿赂的决心，表现了他不欺暗室、慎独律己的风范。

不欺暗室，还要上不欺天。这个"天"，是天命、天道、社会规律的意思。孔子说："君子有三畏：畏天命，畏大人，畏圣人之言。"第一畏就是天命。曹植曾说，"祗畏神明，敬惟慎独"。举头三尺有神明，要懂得敬畏。上不欺天，才不会为所欲为，才会守住内心的良知和底线。

人在做，天在看，慎独就是要知道有所为有所不为，不收不该收的东西，不做不该做的事。古人谆谆告诫不要做坏事，做坏事就要遭报应，"多行不义必自毙"。法网恢恢，疏而不漏，触碰法律底线迟早会被法律追究。为官者慎独，要切记"头上有青天，背后有法眼"的告诫，要心存敬畏，敬畏权力、敬畏人民、敬畏党纪国法；增强自觉的内控能力，增强政治定力、纪律定力、道德定力、抵腐定力，有强大的自律意识，使自己的行为在暗处和无人知晓时也不越轨，不违纪违法。

从"不自欺"的意义上来说，"独"不仅指的是空间上的"独处"，更指的是内心的"独处"，甚至在千军万马之前，大庭广众之下，心里做出一些决定时也可能是"独处"的。朱熹十分明确地指出："'慎独'之'独'，亦非特在幽隐人所不见处。只他人所不知，虽在众中，便是独也。"一般来说，官员的权力越大，被"围猎"的风险可能就越高，因此，也越要慎独。

慎独不自欺，是一种高远的修行境界。最隐蔽的地方最能体现一个人的品质，越是看不到的地方越是能看出一个人真实的模样。不要以为是在私底下、无人时、细微处，就可以随心所欲，更不要让私欲杂念侵扰内心。独自一人时也应谨言慎行、自重自爱，常掸心灵灰尘、常清思想污垢，不断培养和强化自我约束、自我控制的意识和能力，始终保持纯真本性。

北宋林逋在《省心录》中写道："坐密室如通衢，驭寸心如六马，可以免过。"意思是坐在密室中就像置身于四通八达、人来人往的大街上，驾驭自己的方寸之心就好比驾驭着六匹骏马，平稳、坦荡而协调有序，不偏离正道，能做到这样的话就可以避免过错了。"驭寸心"本质上是自我约束、自我控制，目的是达到"内无妄思，外无妄动"。

在官场的大舞台上，"八小时"以外的空间很大，更多的时间是在没有人看到的"暗室"中活动。从政者须在人们看不见的修为上多下功夫，时常诚其意正其心，做到身处暗室而不自欺，坚持不仁之事不做、不义之财不取、不正之风不沾，成为一名经得起检验、对得起人民、可以拿到阳光下"晾晒"的好干部。

三、我心有主

慎独的实质是慎心，不欺暗室的实质是不欺心。不欺心，就是做事一定要对得起自己的良心，不违背、不欺骗自己的良心。慎独的关键，就是要关注自己的本心，稳住自己的心神。

《元史·许衡传》记载，有一年盛夏，许衡为避战乱路经河阳，因长途跋涉，加之天气炎热，所有人都感到饥渴难耐。正好路边有一棵梨树，于是人们争相摘梨解渴，只有许衡一个人坐在树下，不为所动。有人问他："为什么你不摘梨子吃呢？"许衡回答："那是别人的梨，怎么可以随便乱摘呢？"那人就笑他迂腐："世道这么乱，这棵梨树恐怕早已没有主人了，何必介意呢？"许衡正色道："梨虽无主，我心有主。"

"我心有主"的"主"，是许衡的主见，也是许衡坚守的价值标准和道德信念。即便被人讥讽，他仍能保持自律之心，坚守内心的准则。心有主见，懂得自我约束，能够控制自己的欲望，这才是为人处世真正的成熟和睿智。

许衡最难能可贵的地方，就在于心中有"主"，能够维护心中的"主"，坚守为人处世的原则操守。因此，他不给自己找借口，不随波逐流，在饥渴难忍的情况下，在众人皆取的氛围中，不为所动，自觉抵御梨子的诱惑，保持了定力，充分展现出一个心中有"主"之人的敬畏和慎独。

"我心有主"，意味着一个人敬畏自己的道德信仰和内心律令，能够恪守自己的为人原则，面对外界的干扰与诱惑，无论有没有监督，都能做到坚守本心，不为外物所役、不被名利所困，这是自律的高境界。

何谓"主"？用现代哲学语言来说，就是人的主观因素，是一种自我约束、自我控制的意识和能力。人具有思维，思维是对客观世界的反映。明代心学大师王阳明说"身之主宰便是心"。心主宰着人的身体、思维、情感、选择和决定，支配人的一切行为。心若失去主宰，便被物欲侵夺。这句话强调了心的主导地位，心正则身修。

古代儒释道三家都注重对心的修养，视其为修身悟道、修齐治平的根本和基础。《大学》就主张"修身在正其心"，因为只有心正了，行为才不会出差错。先修己，才能治人；先正心，才能修身、齐家、治国、平天下。

清人龚自珍说："不能胜寸心，安能胜苍穹？"如果连自己的心都主宰不了，怎么能够战胜客观世界呢？人只有从自身入手，管好自己的心智，做到"心有主"，养其性、胜其欲，才可能有所作为，成就一番事业。

唐宋八大家之一的苏辙说，"心不可乱，则利至而必知，害至而必察"。大意是说，心正才能心境平和、头脑清醒，有利之事发生就必能意识到，有害之事发生就必能觉察到，从而趋利避害。

"心为万事主，动而无节即乱"。心一乱，万事就乱了。打倒自己的往往不是别人而是自己的内心。对当今的官员而言，这个"主"即政治原则、纪律规矩、道德底线，任何时候都必须牢记、必须敬畏。倘若心里没有"主"，或对其置若罔闻，一味地肆意妄为，我行我素，甘于被"围猎"，终将为自己的所有行为付出沉重的代价，为组织和群众所不齿。一些官员走上歧路，大多是从心中"破防"开始，大多是心中无主，守不住清廉，抵不住诱惑，最终跌了跟头。

"天下之难持者莫如心"。藏于内心的欲念，虽难以被窥见，却极具诱惑力，容易使人迷失方向、误入歧途。一些落马官员之所以逾越廉洁自律的雷池、坠入违法乱纪的深渊，并非不明事理、不辨对错，而是"眼里识得破，肚里忍不过"，为自己的"心中贼"所困。

"心中贼"一词是王阳明发明的。明正德十三年正月，王阳明奉命进剿山贼。出征前，他在给弟子薛侃的信中写道："尝寄书仕德云：'破山中贼易，破心中贼难。'区区剪除鼠窃，何足为异？若诸贤扫荡心腹之寇，以收廓清平定之功，此诚大丈夫不世之伟绩。""心中贼"恰恰是"心有主"的反面，是内心深处的各种贪欲恶念。

"山中贼"在明处，其形人人可见，只需多加观察谋划，便可破之；而名、利、权、情等"心中贼"在暗处，其迹无处可寻，何时滋生、何时蔓延，除了自己无人知晓，想要破之更是难之又难，非勤于自警自省、及时剔除各种非分之想不可。

以"心有主"来破"心中贼"，这是道德操守和个人欲望的斗争。如果把"破山中贼"比作改造客观世界，那么"破心中贼"就是改造主观世界。"破心中贼难"，难就难在最大的敌人往往是自己。"胜人者有力，自胜者强。"提高觉悟的过程，说到底是战胜自我的过程。只有守住自己的内心，知敬畏、存戒惧，不断锤炼意志力、坚忍力、自制力，才能让拒腐防变的底线永不"破防"。

仅做到慎独是不够的，还要慎众，慎"从众"。群体心理学认为，个体行为容易受群体的意识、情绪和选择影响。当身处群体中时，要格外注意自己的言行，不能有"别人都是这么做的"的从众心理，不能把潜规则当准则，不能为官场不良习气所染，以"检身若不及"的自觉保持心灵的独立。

慎众，也是一种难能可贵的自我约束。无论是慎独还是慎众，说到底，都是一个修身、修心的过程。有了独立的人格、坚定的内心、坚强的自我，无论外界是喧嚣还是幽暗，就都能秉承道德原则，守住本心、做好自己。

"内无妄思，外无妄动。"只有做自我的主宰、内心的主人，才能居不妄想、行不妄作、心不妄动、思不妄发，才能在外界的诱惑面前，始终做到自尊、自重、自爱、自律，始终慎独自守，始终保有处世的原则和内心的底线。

北宋哲学家邵雍有诗云："请观风急天寒夜，谁是当门定脚人？"修身功夫深不深，就看面对诱惑能不能立住脚、定住心。只要立定脚跟，自作主宰，则纵有"围猎"，亦能淡然处之，纵有隐形变异的歪风邪气，我自岿然不动。

哲人笛卡尔说："我思，故我在。"对从政者而言，"我心有主，故我在"。为政之道，修身为本。"人人自有定盘针，万化根源总在心"。新时代的从政者，应当坚守心中的"主"，充分发挥心的主宰作用，内外互促、知行合一，内心净化、胸怀坦荡、光明磊落，想正道、谋正事、有作为，做到无愧于心、无愧于民、无愧于行，真正践行"我心有主"。

四、学会独处

慎独，第一步就是要学会独处。一个人在独处之时，面对真实的自我，要整理心绪，反省自我，排除杂念，远离是非，让心平静下来，以静修身，以静养心，让自己的品格在寂静中升华。

独处是一个人可以独自完成任务、活动，或是享受安静和思考的过程。它不仅是一种精神上和心理上的独立，更是一种探索自身内在世界的方式。它能帮助我们找到内心的宁静，让我们更好地认识自己，更好地投入生活。

领导干部工作主要是做人的工作，具有很强的公共性，难免要抛头露面，在公开场合与各方面人士打交道、应酬，属于个人的独处时间并不多。因此，独处，对领导干部来说就显得尤为重要。

独处是最好的休憩。人在独处时，可以独自品味"众鸟高飞尽，孤云独去闲"的宁静和乐趣。独处之所，没有旁人，没有喧闹，随心所欲，是自娱自乐的天堂；独处之时，没有公务缠身，没有外界的干扰，可以缓一口气，释放一下压力，让自己处于真实和松弛的状态。

独处是最自在的放松。独处，把周围"调成静音"，可以暂时地屏蔽外面的世界，远离一会儿外面的喧闹，还自己一份清净、一份纯粹。学会独处，在独处之时调节自己的情绪，放松心情，从而缓解焦虑，重新获得动力和能量，更好地应对新的挑战。

学会独处，才能静以修身。独处是一种静美，能修身养性。领导干部面临的压力普遍较大，往往在繁忙的工作中忽略了自己的身心健康，压力和焦虑得不到及时排解，导致心灵疲乏不堪，身体健康受到损害，因此一定要学会在独处中调理身心。学会独处，不是自我封闭，不是特立独行，而是学会照应自己、约束自己、善待自己，善于在宁静中安顿好自己的身心。学会独处，就是要静下来、沉下来、淡定下来，让生命舒展，给灵魂洗涤，澄澈出最本质的自我。正如《菜根谭》所言："静中不落空，动中有受用。"一个人在安静时不空虚无聊、无所事事，而是能够静以修身，充实自己，这样，在遇到变化时就能够应付自如。

学会独处，才能静以养心。养心必先行于独处，不会独处，难以养心。在喧嚣的生活中，人们总被外物干扰，总被外界的声音所环绕，很难找到属于自己的安静时刻，无暇亲近自己的内心。唯有独处时分，才能感受到内心的需求和声音，真正与自己的内心对话。古人认为，"独宿则神不浊，默坐则心不浊"。独处是一门修行，是人生中的美好时刻和美好体验，是一种安宁的清欢。独处是灵魂生长的必要空间，人在独处时，可从繁忙事务中抽身出来，回到自我，进行心灵内在的完美再造。一个内心强大的人，要学会独处，感受宁静，颐养心神，成全自己。

学会独处，才能远离是非。《增广贤文》说得好："知事少时烦恼少，识人多处是非多。"人多的地方是非多，学会独处，不去人头攒动的地方凑热闹，不去招惹那些纷纷扰扰的人事，可以省却不少是非，多出许多清静。识一人费一人的心，多一事增一事的累，只有独处才可以省事，省事才能够心清。"是非朝朝有，不听自然无。"是非每日都有，你不去听它，当然就没有。群处时，守住嘴；独处时，守住心。远离是非地，不听是非语，告别是非人，避免许多不必要的纠葛与麻烦，是对自己最好的保护。

学会独处，才能甘于寂寞。守住寂寞，是为人处世、为官从政的一种境界。在浮华的年代，领导干部面对物欲横流、面对金钱美色，能凝神静气地守护自己的精神家园，在平淡中品味知足无求的超然，在平静中坚守富贵不淫的情操，尤其难能可贵。学会独处，就不会在门庭若市的迎来送往中浪费时间、在灯红酒绿中丧失意志、在鲜花笑脸的光环中迷失方向，就守住内心的那份恬淡从容和平静寂寞，减少被"围猎"的可能。

学会独处，就要过好闲暇。尽量少些社会应酬，多些居家时间，多做点家务劳动。也可以做一些自己感兴趣的事情，或泡杯清茶，静心品茗；或捧读书卷，浮想联翩；或泼墨挥毫，丹青寄怀；或听曲音乐，悦耳清心；或打坐调息，自我放松；或侍弄花草，亲近山水。做一些自己真正喜欢的事情，让独处的时光变成清雅的生活享受。

学会独处，就要整理心情。夜深人静时，盘点下自己的心情，看看哪些东西污染、淤堵了原本清明的心灵。在滚滚红尘里打拼的人们虽说有些无可奈何，但云淡风轻的自在，贵在觉知真相，与其总是羡慕他人，不如卸下"包袱"，轻松回归。《菜根谭》中写道："静中观心，真妄毕见。"每一次静心整理，都能让心境变得简单，趋于淡泊。人之所以需要独处，是为了进行内在的整合。在独处的时光里，可以反思自己的生活与工作，找出自己的优点与不足，在不断复盘中完善自我。

学会独处，就要独立思考。心静的状态，更能让人科学合理、冷静客观地思考问题。人只有在独立思考的时候，才会产生智慧的火花。从政者要忙里偷闲、闹中取静，花足够多的时间独处，静下心来思考一些问题。用陈云的话说，就是拿出一定时间"踱方步"，考虑战略问题。这应当是更为重要的工作。只有少一些迎来送往、吃吃喝喝的应酬，少一些登台亮相、哗众取宠的作秀，才能挤出更多的时间静下心来想大事、谋发展，才能做到忙而有悟、忙而有序、忙而有功。

学会独处，就要勤于读书。读书可以使人放下俗务，一洗胸襟，可以怡情悦性，远离纷扰。当百无聊赖或心情郁闷之时，最好的事莫过于静下心来，仔细品味读书之乐。独处之时，远离喧闹，安于静室，走近书架，挑一本适合自己的好书，不为做学问，只为借此种方式来寻求心灵上的自我平衡、自我解脱。推掉一切不必要的应酬，减少低质量的社交，挤出时间，静下心来读书学习，把学到的理论知识用来指导实践，解决工作中遇到的各种问题，就可以提高素质、提升能力、推进工作。

五、律己当自省

慎独，需要自省。自省是一种自我教育的方法，是指人的自我反省、自我反思、自我省察和自我解剖，用以清理和克服自身缺点，不断提高自我、完善自我。有自省的工夫，才能达到慎独的境界。

自省是中国传统的自我修养方法。"自省"出自《论语·里仁》，"见贤思齐焉，见不贤而内自省也"，是指人的自我反省、自我反思和自我省察，相当于现代人们所说的自我批评，就是经常反省自己的思想和行为，辨察自我意识和言行中的是非善恶，及时改正自己的缺点和错误。自省可以明是非、知得失，可以扬长避短、完善自我，是一种建立在内心信念之上的修养方法。

孔子的学生曾子说："吾日三省吾身：为人谋而不忠乎？与朋友交而不信乎？传不习乎？"意思是：我每天多次自我反省——替别人谋划是否尽心？与朋友交往是否守信？老师传授的知识有没有实践过？这就是自我反思、自我批评、自我完善而进行的人格内心剖析。

荀子在《劝学》中说，"君子博学而日参省乎己，则知明而行无过矣"，是说每天多次反省自己，就会智慧明达，在行为上避免过错。在修德中，要经常躬身自省，时时刻刻想到自己的身份，经常反思自己的行为，检点自己的作风，及时主动地反省自己的错误和不足，做到防患于未然。

自省是对自我动机与行为的审视与反思，用以清理和克服自身缺点，以达到人格上的健康完善。自省的目的是对自己进行监督，明确自己行为中的不足，及时改过自新。"人非圣贤，孰能无过。"人之所以要经常自省，是因为人都不是完美的，都有缺陷，认知上都有不足之处。只有不断克服缺点，才能达到成熟完善的境界。因此，君子闻过则喜，"过而能改，善莫大焉"。

自省在人生中起"清醒剂"的作用，它可以提高人们的认知水平，能让人更清醒地认识自己。笛卡尔认为，自我反思是一切思想的源头，人是在思考自己而不是在思考他人的过程中产生了智慧。自省是加强自我修养、陶冶情操、提高自身素质、练就内功的最好途径之一。不断检查自己的思想行为，对完善自我、创造宽松和谐的生活与工作环境是大有裨益的。

自省的目的是对自己进行监督，明确自己行为中的不足，及时改过自新。为官者自觉自愿地以道德修养的标准和行为规范作为镜子，对照检查自己的思想灵魂和言行举止，对于及时改正自身的缺点和错误，扬弃自身非道德的认识、情感、意志和言行，对提高自身的思想境界，增强领导的影响力，是一种积极的促进因素。

在自省实践中，从政者要联系自身实际，自觉在头脑中进行善与恶、美与丑、正与邪、是与非、廉洁与腐败的斗争，同自己"打官司"，在思想上进行自我审判，使正义战胜邪恶。在这一过程中，官员应自觉地以从属的道德规范或要求作为准绳，对照自己的思想和言行举止，通过自省，查找自己思想上存在的缺点和行为上犯的错误，进行自我反思与自我批评，及时改正自身的缺点和错误，清除思想上非道德的污垢。这种自我反省和自我解剖，意味着同自己以往的思想观念作痛苦诀别，它是灵魂深处的斗争，因而它将伴随着思想上的苦闷、困惑和矛盾，但经历一次次反省和解剖之后，就会出现道德精神上的升华。

自省先要有自觉意识。别人的提醒和批评是重要的，但起决定作用的还是自省这个内因。从政者应该重视自省，积极主动地提高自身的道德素质和精神境界。重视自省，可以及时发现并纠正自己的不妥当言行，见微知著，避免千里之堤溃于蚁穴；可以帮助自己成为道德高尚的人、遵纪守法的模范。从政者应注意随时省察自己的内心，善于发现自己的缺点，及时改正，从而不断取得进步。

自省，就像每天早上出门前要照一照镜子。一个人只跟自己比，很难真正地看清自己、把握自己；只有跟别人比，才能更好地认识自己的长处、发现自己的不足。因此，在自省的时候，要见贤思齐，注意学习他人的道德行为，学习道德榜样。孔子说："三人行，必有我师焉。择其善者而从之，其不善者而改之。"荀子说："学莫便乎近其人。"荀子认为，最好、最快的学习途径，就是向自己最尊敬、最信服的人学习。要勤照"镜子"，以历史为镜，知兴亡存废；以人民为镜，知人心向背；以党纪国法为镜，知是非功过；以先进典型为镜，看到差距，见贤思齐；以反面事例为镜，鉴照自身，引以为戒。唯有持之以恒地真照、细照，才能照出自身形象、素质、品行、作风的真实情况。

自省是克服缺点错误的起点。"灵魂之深处,自掘才可能。"每一个要求进步的人,都懂得反省自己的言行,解剖自己的思想,自觉地克服缺点错误。鲁迅说:"我的确时时解剖别人,然而更多的是更无情地解剖我自己。"一个人经过自省之后,如果真的发现自己有了过失,就会认真地改。

人要反思自己,检点自己,才能让自己无过。自省,就要做到"日日掸尘、天天洗脸"。那些错误的思想和不正当的品行犹如灰尘,只有通过"掸尘"和"洗脸",我们才能洁身自好,才能有效预防灰尘中细菌的感染。只有重视自省,才能"见贤思齐焉,见不贤而内自省也""有则改之,无则加勉",虚心听取他人对自己的意见和建议;才能用眼睛"内视"自己,看清自己身上的不足,及时纠正自身的缺点和错误,防微杜渐,达到自我完善的目的。

自省贵在坚持不懈。现在不一定要"每日三省",但经常反省还是很有必要的。《周易》说:"君子终日乾乾,夕惕若厉,无咎。"自省是修身的常课,只有不断地省察克治、反躬自问,战战兢兢、如履薄冰,时刻保持对权力的敬畏,才能驾驭自己的欲望与言行。自省,不是一朝一夕的事情,只有坚持不懈才有成效。要在每天结束时对自己好好地问责,盘点一下自己一天的得失;要在做了某项工作之后反思自己做得怎么样,对还是不对,错在哪里,为什么会发生这样的错误。只有这样,才能不断地认识自我、革新自我、完善自我。

为官从政,应以自省作为修身律己的起点和基础,坚持自我教育、自我监督、自我克制、自我完善,做到防微杜渐,经常反思自己的行为,检点自己的作风,从而不断升华思想境界,完善道德品行。

第三章

慎 微

尽小者大，慎微者著。

慎微，是指慎重对待事情的细微处。古人说得好，"致广大而尽精微""夫祸患常积于忽微""不矜细行，终累大德"。一个人的道德修养，是一个不断积小善、去小恶的过程。从政者的慎微，必须从慎小事、重小处、拘小节做起，特别是在生活作风问题上，更要慎之又慎，律己慎行，防微杜渐，勿以恶小而为之，勿以善小而不为，从小事小节上加强修养，从一点一滴中完善自己，去小恶以保本真，积小善以成大德。

一、慎在于畏小

慎微，就是要重视和正确处置细小的事情，尤其是在小事、小节、小场所上要格外慎重。

慎小处、重细行，是中华文化中修身养性、为人处世的重要内容。

《中庸》中有"致广大而尽精微"，提醒我们无论为学还是修身，都应深入微观、精细详尽。《道德经》中有"合抱之木，生于毫末；九层之台，起于累土；千里之行，始于足下"，教诲我们欲成大事，要先从打基础开始，先从小事做起。《尚书》有言："不矜细行，终累大德。"《韩非子》中亦有"千丈之堤，以蝼蚁之穴溃；

第三章 慎微

百尺之室,以突隙之烟焚",提醒我们防微杜渐,才能防止祸患。"小洞不补,大洞吃苦""勿以恶小而为之,勿以善小而不为"。无论是修身养德,还是履职任事,注重细节、注意小节都是不可或缺的品质。

《尉缭子》云,"慎在于畏小,智在于治大"。慎微,就是要"畏小",就是做人做事心存敬畏,谨小慎微,注重小节、不贪小利,高度警惕小毛病、小问题,做到防微杜渐。

祸福皆从微小始。古人讲,"积羽沉舟""君子禁于微"。居官之道,注重微小处,才能有所成,"凡大事皆起于小事,小事不论,大事又将不可救,社稷倾危,莫不由此""勿轻小事,小隙沉舟;勿轻小物,小虫毒身""不虑于微,始贻于大;不防于小,终亏大德"。

古今凡有作为者,无不始于慎微,成于慎微。《资治通鉴》里面有一句话:"尽小者大,慎微者著。"意为能做好小事的人,才能干成大事,能在小节上谨慎的人,才能成就德行。任何事物的产生、发展、变化,都有一个由小到大、由量变到质变的过程。"小"往往是量变之始、质变之源。古今圣贤先哲,无一不是谨小慎微的典范。

有一则有关"堤溃蚁孔"的故事:战国时期,魏国相国白圭在防洪方面很有成绩,他善于筑堤防洪,并勤查勤补,经常巡视,一发现小洞,即使是极小的蚂蚁洞也立即派人填补,不让它漏水,以免小洞逐渐扩大、决口,造成大灾害。白圭任魏相期间,魏国没有闹过水灾。

慎小者方能控制小恶。一个人提升道德修养的过程,是一个不断积小善、去小恶的过程。《周易》言:"善不积,不足以成名,恶不积，不足以灭身。小人以小善为无益而弗为也，以小恶为无伤而弗去也，故恶积而不可掩，罪大而不可解。"小善、微善不积，就无法成为一个品德高尚的人；小恶、微恶不去，就会发展到不可收拾的程度。那些小人就是认为做一些小的善事不能得到好处便不去做，认为做一些小的坏事无伤大体便不愿改掉，所以恶习多了就无法掩盖，罪恶大了就无法挽救。防"小"就是防小恶，防小恶是为了防微杜渐。

忽小事者祸必来，轻小节者德必亏。清代学者唐甄说得好："一指之穴，能涸千里之河；一窬之味，能败十世之德。"事物的发展总有一个从小到大、由轻到重、自少到多的过程。"轻者重之端，小者大之源，故堤溃蚁孔，气泄针芒。是以明者慎微，智者识几。""小恶不改以至于大恶"。对从政者来讲，对诱惑之"微"不严防，对贪欲之"萌"不严守，对蜕变之"渐"不严杜，最终必然酿成大错，若要保持清正廉洁，必须慎小防小。

现实生活中，有的干部对小节问题不太在意，认为自己辛辛苦苦工作，吃点喝点、收点拿点、玩点乐点，是人之常情，是小节；有的认为只要立场对头、政绩显著，不犯原则性错误，在言行上有点小毛病、小问题，占点便宜、谋点私利，没有什么大不了的。正是这种"小节无害"的心理，使他们渐渐放松自我约束，滋长了放任心理。于是，今天占一点，明天捞一点，后天又贪一点，最后越陷越深，难以自拔。小节不拘，大节必失。在小节、小利问题上不检点，一旦成为习惯，小问题就会演变成大问题，事情的性质就会发生根本变化。

一个在小节、小事上过不了关的人，也很难在大节、大事上过得硬。之所以要慎微、保证"小节"不失范，是因为量变最终会引发质变，小错最终会酿成大祸。从被查处的腐败分子来看，几乎都是从笑纳一条烟、一张购物卡，帮忙"插个队"，免个手续费等"小事"开始的，最终却一发不可收拾地滑向了罪恶的深渊。许多人犯错误都经历了一个由量变到质变的过程。"千里之堤，溃于蚁穴"，开始对一些小事不注意，逐渐顺坡滑下去，终会陷入泥坑而不能自拔。"祸患常积于忽微"，古往今来这种教训实在太多了。

小节并非无害，而是一切大害的开始。"道自微而生，祸自微而成"。如果不慎微，人生就打开了一个缺口，小节不检点，小毛病不克服，就会演化成大问题。今天看似小事，稍不注意，明天或许会发展成大事。如果小节管不住，大事必失守，气节也难保。由于细节很"小"，常常为人们所忽视，因而容易掉以轻心，导致失足跌落。

小节和大节是紧密相连的，小节影响着大节，小节不拘，则大节难保。"一趾之疾，丧七尺之躯"。小节问题具有潜移默化的腐蚀作用，不防微杜渐，放任自流，就有可能由小病酿成大疾。久而久之，无数个"小"的积累，便会逐渐使一个人由良善变得丑恶，由高尚变得低俗，由廉洁变得贪婪，失去一个从政者应有的品格和节操。大因小而生，巨由微而成。一个人不可能一夜之间成为贪腐分子，走向腐化堕落往往是从不慎微开始的。

从哲学上来看，小与大、微与巨存在必然的联系。小者大之源，微者巨之端。人们思想的改造、转变，就是要在把握大节的前提下，抓住小节的校正。一个人思想品质的变化，无论是正向提高还是负向堕落，都是量的积累和质变的结果。量的积累，往往表现为缓慢的、渐进的、细微的过程，但日积月累，到一定程度就自然会引起质变。明代思想家王阳明提出："克己必须要扫除廓清，一毫不存方是。有一毫在，则众恶相引而来。"倡导人们讲修养时不仅要讲大节，也要注意小节，绝不给自己留一丝一毫的死角。

提倡慎微，谨小慎微，注意细小，不是胆小怕事、左顾右盼和怯懦犹豫，而是在更高层次上发挥胆略。"勿疏小善，方恢大略"。对从政者来讲，做人做事要自觉把握量变与质变的规律，正确看待轻与重、大与小的辩证关系，既要注重抓大节，又不可忽视抓小节，严防因小失大，对小心思、小毛病、小陋习、小错误，切不可掉以轻心，必须提高警惕，坚决改正。

从政者在慎微上下功夫，必须克服"小节无害"的麻痹思想，从小事做起，从小处严起，严格遵守党纪国法，始终以"蝼蚁之穴，溃堤千里"的忧心对待自己的一欲一念，以如履薄冰、如临深渊的谨慎态度对待自己的一言一行，以夙夜在公、寝食不安的勤谨姿态对待自己的一职一责，时时在细小的事情上严格要求自己，注意检点自己工作生活的方方面面，从小事小节上加强修养，从一点一滴中完善自己，去小恶以保本真，积小善以成大德。

二、莫以贪小而为之

廉洁是从政者的底线。从现实生活来看，对大是大非、大利大害、大贪大腐的大问题，绝大多数人还是认识清醒、心存敬畏、注意防范的，但有些人对小节小利、小恩小惠、小贪小占却不以为意，因贪小而为之的现象时有发生。

"贪小"问题之所以多发，除了受人情社会的不良文化影响外，还受思想认识误区的影响，就是认为吃一点、拿一点、收一点，是礼尚往来、人之常情、小打小闹，微不足道，谈不上是腐败，构不成大害，甚至说起来振振有词，做起来心安理得，毫无脸红心跳之感，从思想上彻底放松了警惕。

一顿饭、一张购物卡、一个小礼品……看似是小，实质仍然是贪。贪腐的性质是不会因为数额少、影响小而发生改变的。清代贤臣陈瑸有句名言："贪不在多，一二非分钱，便如千百万。"在陈瑸看来，官员是贪还是廉，在于是否伸了手，所得是否"非分"，这才是原则分野，伸了，性质就变了。至于"非分"量的多寡——是"一二钱"还是"千百万"，没什么本质区别。

小贪小腐的危害面是非常大的。

小贪小腐损害社会公平正义。吃别人的嘴软，拿别人的手短，小贪小腐会影响办事公平和执法公正。小贪小腐多半是发生于群众身边的腐败，往往与群众生活息息相关。如果群众每一件事情都要通过行点小贿、找个关系才能办成，"蝇贪"就可以利用特权大行其是，这就会造成社会的不公。发生在群众身边的、损害群众切身利益的"微腐败"，发展下去就会成为"伤不起"的大问题，切不可等闲视之。

小贪小腐直接影响社风民风。"君子之德风，小人之德草"。执政者有什么样的作风，下级、百姓就会跟着效仿，所以作风上的偏差往往会成为巨大的隐患。小贪多了会给社会风气造成不良影响。如果凡事都要请上一桌、喝上一顿；凡事都要送上一把、"表示"一下；凡事都要先找关系、疏通关系，那么正常的社会秩序、工作秩序就会扭曲变形。借机敛财、吃拿卡要，甚至"不给好处不办事、给了好处乱办事"，最终破坏的是一个地方的发展环境。

小贪小腐损害党和政府的公信力。相比于"大老虎",小贪小腐往往更具隐蔽性,危害不小,不仅会导致民众无法享受反腐红利,还可能引发民怨。相对于"远在天边"的"老虎",群众对"近在眼前"的"蝇贪"感受更为真切,因为老百姓经常接触的、能够看得见的都是"小官",他们的一言一行、一举一动,老百姓看在眼里,听在耳中,心知肚明。"祸起细微,奸生所易。"这类贪腐现象如同嗡嗡作响的苍蝇在身边盘旋,让群众感到不舒服,不加以遏制的话,就会直接损害党和政府的公信力。

小贪小腐损害官员个人形象。小贪小腐虽然情形微小,却是品质和行为上的硬伤,有硬伤就难过硬,对领导干部形象的损害是巨大的。目光短浅、心为物役的人,才会贪图蝇头小利,爱占小便宜,处处算计揩油,这样的人为了小利而伤大义,放弃原则操守,往往会被人瞧不起,被人背后唾骂。正所谓"搞一次特殊,就损一分威信;破一次规矩,就留一个污点;谋一次私利,就失一片民心"。

大贪总是源于小贪。大吃大喝,无不从小吃小喝开始;大奸大盗,无不自小偷小摸发端。任何事物的产生发展变化都有一个由小到大、由量变到质变的过程。一个人的腐化堕落并不是一朝一夕造成的,往往都是从小贪小占开始的,尝到甜头后,贪欲会越来越强,胆子会越来越大,胃口也越来越大,久而久之,如滚雪球一般,小贪变大贪,小腐成大腐,一步步走向腐败的深渊。正如唐代宰相陆贽所说,"贿道一开,辗转滋厚""涓流不绝,溪壑成灾矣"。

"不虑于微,始成大患;不防于小,终亏大德。"从被查处领导干部的贪腐轨迹来看,不难发现,很少有人从政之初就踏上歧途,一开始就明目张胆地大肆敛财,大多是从小吃小喝、小钱小物、小恩小惠开始，要点"小聪明"，动点"小手脚"，占点"小便宜"，自以为小节无伤大雅而自谅自恕，小利无足轻重而等闲视之，导致原则一失再失，底线一退再退，任由"小恙"发展蔓延成"大疾"，小节不保终至大节丧失。

有位落马厅官在反省自己犯罪原因的时候，总结了 12 个"一下"："逢年过节看望一下，住院治病慰问一下，家人生日祝贺一下，出国考察支持一下，家有丧事凭吊一下，乔迁新居意思一下，孩子结婚、升学表示一下，已提拔者感谢一下，想提拔者争取一下，关系好的加深一下，关系一般的亲近一下，暂无求者铺垫一下。"就是这样一下一下，让他走上了不归路。

大必起于小，多必起于少。蚁穴失察必崩大坝，小贿不拒定成大贪。要从根子上杜绝小贪小腐，必须端正思想偏差，纠正那种以为小不足虑、微不足道、人之常情、取不伤廉的错误思想，提高对小贪小腐危害性的认识，只有这样才可能在行为上做到谨小慎微，尤其是对喝点小酒、收点小礼、贪点小利这样的小腐败，能够保持足够的警惕，管好细微处，把好小节关，防止蝇贪成鲸吞，避免小过积累成大错。

"一丝一粒，我之名节；一厘一毫，民之脂膏。"从政者要慎微慎小，克己慎行，时常检视自己的思想言行，随时随地把住自己的心，时时处处管住自己的手，不是自己的一针一线都不拿，不义之财一分一厘都不要，"糖衣炮弹"一点一滴都不沾，在日常小事和生活细节上守住底线，才能做到"心不动于微利之诱，目不眩于五色之惑"，始终保持干净无污的节操。

《淮南子》说："所以心欲小者，虑患未生，备祸未发，戒过慎微，不敢纵其欲也。""夫圣人之于善也，无小而不举；其于过也，无微而不改。"居官之道,注重微小处,才能得善终。"骄纵生于奢侈,危亡起于细微"。显然,诸事慎微、防小很重要。

"积羽沉舟,群轻折轴"。小处不慎、大处必败。小贪小腐,不可小觑。从政为官,莫以廉小而不为,莫以贪小而为之。

三、防微杜渐

防微杜渐,指在坏思想、坏事或错误刚冒头时,就加以防止、杜绝,不让其发展下去。

事物的发展变化总是出现在过程中,量的变化最终积累成质的变化。祸福的产生,也是由一点一滴积聚而成的。

《汉书·贾谊传》中有言:"安者非一日而安也,危者非一日而危也,皆以积渐然,不可不察也。"晋代傅玄说:"变故兴细微。"清朝康熙皇帝是位谨慎勤政的君主,他对皇子们要求也很严,多次训导皇子们要防微杜渐,预其未萌。他强调:"凡理大小事务,皆当一体留心。古人所谓'防微杜渐'者,以事虽小而不防之,则必渐大;渐而不杜,必至于不可杜也。"

因此,只有在祸患还未萌发、还在无形之时,就已见微知著、未雨绸缪、防微杜渐,才能将坏事扼杀在萌芽状态。

防微杜渐,就要见微知著。

见微知著,就是见到事物的苗头就能知道它的发展趋向或问题的实质。汉代袁康《越绝书》云:"故圣人见微知著,睹始知终。"唐代陆贽在《兴元论解姜公辅状》中说:"夫小者大之渐,微者著之萌,故君子慎初,圣人存戒。"指领导者反应灵敏、眼光锐利、能够透过纷繁复杂的社会现象，敏锐地发现对事情发展产生影响的变革及征兆，能够时时掌握时代的脉搏，把握有利的形势，作出有预见性的决策。

任何事物的发展都有苗头或端倪，要把握事物的发展态势及潜在的利害，就必须对事物进行细致入微的观察，以便对有利因素和不利因素都了然于心，进而推动有利因素的发展，对不利因素防患于未然。对事物能否进行正确的观察分析，会直接影响对事态的控制。如果不能发现坏的苗头，终将酿成祸患。相反，倘若能及时发觉不良因素，便能有的放矢，做好防备的具体措施；而"于其未然而预防之""杜渐防萌"，则"无后忧"。

从政者要细察见微，就要广闻博识，兼听则明，注意收集各个方面的信息，包括好的和不好的信息，既要听喜报，又要闻忧讯；就要做到细察见微，通过观察接触问题和事物，发现苗头，掌握动态；就要有"一叶落而知天下秋"的敏锐，善于发现蛛丝马迹，要比一般人看得早些、细些，想得深些。既不能一叶障目，不见泰山，受细小事物的蒙蔽，看不到事物全貌，也不能坐井观天，管窥蠡测，要防止观察受客观条件制约产生局限性。

防微杜渐，就要强化风险意识。

不怕一万，就怕万一。现实中，如果缺乏远见，没有"远虑"，那么"近忧"就不远了；如果只想"一万"不虑"万一"，一旦遭遇挫折，很容易手足无措。在前行的路途中，一个人如果凡事心存侥幸，只重好处不重风险，只看眼前无视隐患，久而久之便会深陷险境而不自知。面对潜存的困难和挑战，能不能看到"坏处"，会不会解决"难处"，考验着领导者的勇气与智慧。

尽管风险和挑战经常不按套路出牌，但风险就像一只硕大的

"灰犀牛",早有预兆。为什么直到"灰犀牛"变成"疯犀牛"撞过来时,人们才恍然大悟?原因在于,有的被"温水煮青蛙"式麻痹,有的囿于"矮子看戏何曾见"的短视,有的出于"天塌下来有高个子顶着"的漠然,还有的存在"听惯梨园歌管声"的和平积习。

防控风险的关键在于防范。及早准备,看在前、防在前,是风险治理规律的一般要求。其实质是,在风险积聚、爆发之前,就要及时发现并防范到位,确保把风险消灭在萌芽状态,化风险于无形。

"为之于未有,治之于未乱。"在风险治理实践中,必须努力争取主动、避免被动,特别是要通过预先准备来确保牢牢掌握风险防控的主动权,赢得风险治理的取胜优势和必胜信心。

对风险要早判先知,做到心中有数。善于从复杂的情形中敏锐觉察并捕捉到风险的苗头,及时发现风险于蛛丝马迹和初始状态,精准察知、把握风险的特点性状、动态走势,迅速锁定风险,这是有效防范化解风险的前提。领导者的工作千头万绪,在做每一项工作前,先要搞清楚底线在哪里、风险在哪里,哪些事情可以做、哪些事情不能做,最坏的情况是什么、最好的结果是什么。

对风险要先防早治,做到预防为主。要积极主动、关口前移、抓早抓小、预先应对,做到防患未然。领导者必须把防风险摆在突出位置,"图之于未萌,虑之于未有",力争不出现重大风险或在出现重大风险时扛得住、过得去。

对风险要始终保持警觉,绝不给风险变大的机会与空间。对风险绝不能麻痹大意、疏于防范,必须增强忧患意识,绷紧感知风险的神经，强化防风险的行动，提前将危机消弭于无形，实现问题早发现、危机早解决、隐患早处理。

防微杜渐，就要未雨绸缪。

未雨绸缪，意思是趁着天没有下雨先行修缮房屋门窗，比喻事先做好准备工作，预防意外的事情发生。

明末清初朱柏庐《朱子家训》说："宜未雨而绸缪，毋临渴而掘井。"人们对未来可能发生的新问题，是难以完全预料的。风和日丽中可能潜伏着风暴，安详平静中可能暗藏着风险，意想不到的困难、挫折乃至灾祸随时可能发生。如果事前不做准备，一旦出现意外的情况和变故，便会猝不及防，无法应对。因此，凡事要早做准备，正所谓"凡事预则立，不预则废"。

一名稳健高效的领导者，要做到"预则立"，就必须有预见性、计划性和前瞻性。无预见性就不会有超前意识和宏图大略；无计划性就不会有分步实施的目标；无前瞻性就不可能未雨绸缪，面对突如其来的事情就会措手不及，盲目陷入泥潭。

未雨绸缪，需要把握形势。领导者对形势的变化和事物的发展要进行科学预测。要在充分占有信息和资料的情况下，运用现代科学理论和方法，对事物发展的未来状态或趋势预先作出估计和推测。领导者要有"月晕而风，础润而雨"的眼光，在运筹决策、制订计划之前，仔细观察、研究现状，对事物未来的发展变化进行估算和推测，知晓事物发展的规律，卓有成效地开展领导活动。要克服浮躁盲动的心态，细心地从现实苗头中看出趋势和走向，保持沉着冷静务实的作风，绝不可失于粗疏和轻慢，这样才能提高预见性，取得主动权，切实做好工作。

审时度势时留心于"青萍之末"，把脉时多察觉"未病"，处理问题时下好"先手棋",是立于不败之地的基本要素。为官从政,要居安思危,未雨绸缪,防微杜渐,对各种难题有充分的准备,审慎稳妥地把各项工作做在前面。这样,才能做到有备无患,妥善应对,确保各项事业顺利推进。

四、小处不可随便

相传,民国时期大书法家于右任因为发现有人在其办公楼后方便,就挥毫写了一张"不可随处小便"的警示条贴在墙边。岂料,这幅墨宝很快被一位书法爱好者揭走,经过一番剪裁装裱,将其变成"小处不可随便",被堂而皇之悬挂起来。词序一变,境界大升,警示句秒变金句。"小处不可随便",已经变成了人们不可忘记的从政箴言。

"小处"是指生活中不起眼的小事、小节,"小处不可随便"警示人们一定要正确看待、重视和处理小事,注意小节,注重细节,也就是人们常说的"慎微"。

小处见修养。细微处可见大体,细微处可见品德。小事小节是一面镜子,能够反映人品、反映素质、反映作风。为人处世的小节像一把尺子,可以丈量一个人的修养。小事小节中有品行,有原则,有人格。管中窥豹,可见一斑。一个人的修养是很难装出来的,它是根植于内心、长期修炼的结晶;它是人前的约束,更是人后的自律,看似不起眼的每个细节,其实都是内在的折射。所以看一个人的品行,要像哲学家帕斯卡说的那样:"不要从特殊的行动中去估量一个人的美德,要从日常的生活行为中去观察。"

第三章 慎微

小处见形象。领导形象是指领导在下属和群众心目中留下的综合印象以及得到的总体评价，是一个人衣着相貌、言行举止、精神气质、道德情操的集中反映。良好的形象，不仅能给人良好的视觉感受和第一印象，还能通过言行举止散发出一个良好素养者的魅力，可以增加领导者的美誉度和影响力，便于凝聚干部群众，齐心协力推进工作。

领导形象是由日常点滴细节积累起来的，主要表现在工作态度、与群众关系、生活作风等方面，其一言一行都反映着个人的操守与素养。领导形象表现在平常生活中的点点滴滴，或许是一个举止、一句话语、一次穿着，表面上看起来是个人的行为，实际上却代表了整个组织，会给群众留下印象，影响群众对党和政府的看法。这也是领导者与普通群众不同的地方。

为官者普遍受人关注，言行无小事。一篇讲话、一次活动、一项决策、一个部署，甚至一餐饭、一杯酒，都会影响周边、影响社会。当今是全媒体时代，在网络全覆盖的情况下，稍有不当和不慎，就可能被拍摄、捕捉和记录，瞬间在网络媒体上曝光、聚焦，成为舆论热议的话题，带来意想不到的麻烦甚至严重的后果，因此，从政者更需要维护形象。

在现实生活中，大多数干部能够做到警惕小节、注重小事，将慎微作为自己的为官之道。

但也有一些人不把小节当回事，小事不检点，有的神情傲慢，坐姿慵懒；有的衣冠不整，穿戴不妥；有的作风粗暴，在公众场合口无遮拦，对群众爆"粗口"；有的工作马虎不细致，小错小误不断；有的不吃公款吃老板，不把吃吃喝喝当回事；有的上班玩手机、打游戏、炒股……对这些小事小节，不仅当事人不以为耻，就连旁观者也见怪不怪。

少数人认为小事小节无伤大雅，没有什么大不了的事情，以"小节无害论"自谅自恕。正是这种"小节无害"的心理，使他们混淆了原则界限，分不清小错误和大问题的区别，日渐放松自我约束，滋长了放任心理，将其是非观、义利观、权力观、事业观全线吞噬，情趣变得越来越低俗，欲望变得越来越膨胀。于是，今天占一点，明天捞一点，后天又贪一点，最后越陷越深，积细行而成恶习，小错小恶累积成了大贪大恶。

小事小节看似虽小，但可见一个人的品德、节操和作风。"小善不拘，大善难至"。很难设想，一个不讲私德、不拘小节的人，会自觉遵守大德和社会公德。小节不可随便，小节不可无度。如果平时不注意品行情操、生活作风方面的细末小事，小事小节上的漏洞不加修补，久而久之，必然会引起政治上的变质和道德上的腐化，慢慢就会发展为突破底线、触碰高压线，甚至全线失守。如果能在平时的小事小节上注意"较真"，始终自警自省，筑牢思想防线，用自己的一言一行、一举一动体现品格和节操，就能够顶得住诱惑，稳得住心神，管得住自己，绝不会"以恶小而为之"。

一个人的品格，蕴含于做人做事的细节，彰显于具体而微小的点滴。小事小节虽"小"，却蕴含着"大"的内涵。高尚的道德情操是一点一滴养成的，罪过也是从不注意小节开始的。故而说，小节是个人品德修养的"测试纸"，也是从政者的"试金石"，观小节可以知大体。如果不在小事小节上谨慎，难免在大事大节上出问题。晋代葛洪在《抱朴子·极言》中讲："治身养性，务谨其细，不可以小益为不平而不修，不可以小损为无伤而不防。"小节连着大节，小节决定名节。从政者无论是道德修养，还是事业进步，都

第三章 慎微

需要从小节抓起，从小事做起，小处不可随便。

从政者的一言一行都体现出个人的内在素质，都折射出个人的作风形象。从政者应当站有站相，坐有坐相，做到举止高雅，坐、立、行都要大方得体。在个人的自我形象塑造中，细节起了大作用。要从小事小节入手加强修养，认真对待工作、生活中的小事，严格行为、话语中的小节，提高言谈举止、待人接物、细节和生活习惯等方面的修养，保持外表整洁庄重，行为举止从容得体，用心塑造良好的形象。

要慎重对待习惯。实践证明，日常生活是最容易放松自我的领域，也是最容易失守的地方，习惯成自然，各种歪风恶习往往在日常生活中侵蚀人们的灵魂。要慎细微处，越是小处越要留心，越要注意习以为常的地方。从政者对自己身上的恶习、陋习不能不察，不可掉以轻心，必须坚决戒除。要把对个人嗜好、习惯、交际的选择与驾驭，作为日常生活中道德修养的重要内容。要保持良好的作息习惯，学会规划时间，合理安排自己的学习和工作，做到有计划、高效率地完成任务，切实提高个人的工作效率和生活品质。

小节关系大节，小事不可小觑，小处着力方能成就大事业，小处疏失早晚会栽大跟头。大事是从小事守起，大节也需从小节守起。"英雄不独疆场出，闪光尽在细微处。"从政者不仅要在重大原则问题上站稳立场、保持定力、经受考验，而且要从细微之处着手，从小处发力，从小事小节上加强自身修养，从一点一滴中自觉完善自己，洁身自好，时刻以高标准、严要求约束自己，切实过好小节关，这样，才能永葆清廉干净的良好形象。

五、注重细节

细节是指具体、细小的环节或要素。细节是构成事物的基本环节与基本要素，所有事物都是由彼此联系、相互依存的细节构成的。整体大于细节，但没有细节，就没有整体，在某些特殊情况下，细节能够影响甚至决定整体。

细节在事物发展中起着独特的、关键的作用。世间万事万物都是一个系统的整体，是由许多个小事和细节构成的，这些小事和细节环环相扣，如果疏忽了其中一个细节，就可能引起连锁反应，导致全盘皆输。

古人云："泰山不拒细壤，故能成其高；江海不择细流，故能就其深。""天下难事，必做于易；天下大事，必做于细。""千里之行，始于足下。"说明要想取得成功，必须从简单的事情做起，从细微处入手，一步一步做起。而"千里之堤，溃于蚁穴""酷烈之祸，多起于玩忽之人；盛满之功，常败于细微之事"等成语格言，强调的是不要忽视小的失误，从反面说明细节的重要性。

细节做好了不一定成功，但细节疏漏了往往会失败。忽视细节，则可能为此付出代价：一个看手机的小动作可能酿成一场交通事故，一个不合格的零部件可以毁掉一架高科技的航天飞机，一个小烟头足以烧毁一片森林……事实表明，一个不起眼的细节、一些琐碎的小事，往往会影响事物发展的方向和结果，甚至决定事业的成败。

第二次世界大战期间，在伦敦英美后勤司令部墙上，醒目地写着一则谚语："因为一枚铁钉，毁了一只马掌；因为一只马掌，损了一匹战马；因为一匹战马，失去一位骑手；因为一位骑手，输了一次战斗；因为一次战斗，丢掉一场战役；因为一场战役，亡了一个帝国。"故事来源于英国历史上的一场战争，虽属个案，但也说明，有时候细节能够影响全局。

世上的事情，最怕的就是粗枝大叶，大而化之，自以为是，不肯向细节用力。要想成功，必须把握细节。粟裕是淮海战役的主要指挥者之一，堪称百战百胜的军事家，在针对黄百韬兵团的具体战斗部署中，堑壕、交通壕如何挖，距离前沿阵地多少米，都要亲自一一研究、安排，胜利蕴藏在将军对细节的重视中。

在细节上用心用力，成功才不会落空。譬如，我国航天发射有个著名的"三零"管理模式：让每项工作零缺陷、每个部件零故障、每个人心中零疑问，通过技术归零，紧盯薄弱环节，发射成功率居世界领先水平；海尔公司大力倡导"抓细节、无缺陷"的生产经营理念，坚持把简单的事情认真地做好，成了世界白色家电的知名品牌。细节决定成败，小节影响命运，严谨细致对任何工作而言都是最基本的操守。

其实，绝大多数人都在做着平凡而具体的工作，可能一辈子也不会干出惊天动地的大事。这些具体工作犹如构建大厦的每一块基石，虽然细小却承受着千斤重量。没有这些基石，就不会有稳固耸立的大厦。只有每个人都注重工作细节，认认真真把小事做好、做细、做实，才能成就大事，实现预定目标。

在职场上，想做大事的人很多，但愿意把小事做细做好的人很少。一些人存在粗枝大叶、大而化之的毛病，大事没做成，小事不愿做。有的方法简单粗放，标准不高，做事毛毛糙糙，漏洞百出，以至于延误工作；有的抓工作不深入细致，执行上级决策照本宣科，满足于上下一般粗，忙碌于一般号召和逐级传达；有的责任心不强，马马虎虎，敷衍了事，简单应付，只求过得去，不求过得硬……这些行为背离了"谨慎"二字，也背离了党的作风要求。

有的人虽然业务素质不错、解决问题的能力也不差，却眼高手低、三心二意、毛手毛脚，容易"大意失荆州"，一失足成千古恨。一个人如果视工作为儿戏，懒懒散散、粗枝大叶、麻痹大意，是极不靠谱的，在哪里都是不受欢迎的。现实一再警示：魔鬼藏在细节里，工作马虎不得、应付不得、空洞不得！

成功者的一个共同特点，就是能够做好小事，能够抓住生活中的细节。特别是在如今这样一个开放、透明的信息社会，分工日益细化，市场竞争更趋激烈，更要注重细节，把小事做精做好。

再宏大的事业，也离不开扎扎实实、细小繁杂的具体工作。从政者的工作来不得半点马虎，需要落实到每一个环节。"世间事，做于细，成于严。"对从政者来说，求真务实、重视细节是一种应有的素质和作风。

注重细节，就要增强精准意识。做事情一开始就要慎重，不能马虎大意，0.99 的 1000 次方接近于 0，哪怕开始只是一丝一毫的差错，其结果也会谬以千里。强化精准意识，要把精准当作工作理念、追求目标，思考问题时以精准为指导，谋划建设时以精准为目标，实施计划时以精准为标准，使追求精准成为行动自觉；要摒弃不拘小节的思维陋习，在每一个细小处严格标准、严格程序、严格把关，认认真真把工作做细做实做到位。

注重细节，就要坚持问题导向。问题往往藏在细节处，要注意强化问题意识，注意发现问题和破解问题。要把工作中遇到的小问题、小困难当成优化工作、提高能力的好机会，寻求办法解决问题，优化办法提升质效；针对事物包含的各个环节和可能遇到的各种问题进行深入分析、周密部署，无论在哪个环节都多问自己几个"为什么""怎么办"，提前采取措施加以防范，尽最大努力做到"零差错"；从规避小问题入手查找问题、整改问题、推动落实，以细致入微的态度提高找问题的精准性、办实事的精准度，积小胜为大胜。

注重细节，就要坚持精益求精。认真对待工作中的每一个环节、每一个步骤，工作才能更加出色，才能趋于完美。工作标准要定得高一些，能做到最好，就必须做到最好；能完成100%，就绝不只做99%。只要动用自己的全部智能，比别人多做一点，把工作做得更快、更准确、更完美，才能实现自己心中的目标。

当然，强调注重细节、把握细节，并不是主张把心思和精力都放到细枝末节、琐碎小事上，而是强调把"大处着眼"与"小处着手"有机结合起来，把求真务实、严谨细致的精神和作风贯注到各项工作中去，抓好关键环节和重要细节，落细落实落地，确保圆满完成目标任务。

第四章
慎 言

修己以清心为要,
涉世以慎言为先。

慎言，就是说话要谨慎。慎言是一个人成熟的表现之一。从政者说话一定要谨慎，要深思熟虑，该说的说，不该说的坚决不说。说真话，说实话，说有益的话、做得到的话，不说假话、大话、脏话、伤害人的话，不说违反纪律和规矩的话；说话要注意时机，注意对象，把握分寸，把话说中肯、说准确、说到位，做到言必适时、言必适情、言必适度、言必有信。

一、尤须慎言

说话往往关系着事情的成败，甚至个人的祸福和人生的命运。

语言，是人交流思想情感、表达观点意愿的重要工具；说话，是人日常交际和开展公务活动必不可少的能力。

中国人向来推崇语言的力量。古人把"立德、立言、立功"称为"三不朽"，认为"言为心声，行为心表""一言不中，千言无用"。孔子说"一言而兴邦，一言而丧邦"。这话有些夸张的意味，却道出了一个不争的事实：作为掌管国家、社会、群体的权力者，在某些关键的时刻，说什么话、怎样说话，能起决定性作用。

《周易》说："言行，君子之枢机。枢机之发，荣辱之主也。言行，君子之所以动天地也，可不慎乎？"意指言行为君子立身、行事最紧要的步骤。一个人一生的荣辱、成败，取决于其平时的言行，故曰"荣辱之主也"。

谨言慎行，一直是古之圣贤所倡导的。《诗经·巷伯》有"慎尔言也"的告诫；孔子有"讷于言而敏于行"的提倡；西汉经学家刘向有"君子慎言语矣，毋先己而后人；择言出之，令口如耳"之名言。唐代的徐洪把先秦的言说修养问题概括为："言者，德之柄也，行之主也，志之端也，身之文也。君子之枢机，动则物应，得失之见也。可以济身，亦可以覆身，否泰荣辱一系之。"宋代胡宏在《知言·文王》中说："行谨，则能坚其志；言谨，则能崇其德。"《格言联璧》有言："修己以清心为要，涉世以慎言为先。"强调的都是慎言慎行。

对语言重要性的认识，西方人的观点与我们东方人不谋而合。戴尔·卡耐基非常强调说话的重要性，"有许多人，因为他们善于辞令，因此而擢升了职位……有许多人因此而获得荣誉，获得了厚利。你不要以为这是小节，你的一生，有一大半的影响，是由于说话的艺术"。

领导工作从根本上说就是统领人、激励人、影响人、感化人，无论是开会讲话、上传下达、交换意见、解决矛盾，还是交际应酬、传递情感，都需要用语言交流，语言表达发挥着极其重要的作用。

从政者是公共事务的管理者，是各种复杂关系的协调者，这种特殊的地位和使命，使每一位从政者必须做到"震天下者必震之于声，导人心者必导之于言"，只有掌握了高超的口头表达艺术，才能将立言立行的过程和立权立威的过程有机地结合起来，才能更好地完成治国理政的使命。

领导工作涉及面广，需要和社会各行各业、方方面面打交道，各种问题和矛盾经常需要领导干部出面沟通与协调。领导讲话发生在领导工作开展的各种场所，发生在干部与干部之间、干部与群众之间，以及干部与媒体之间。因此，领导者除了要具备较高的政策水平和领导艺术外，还必须具有较高的讲话技巧，去做耐心细致的说服、解释工作，这样才能理顺各方面的关系，达到统一思想、同心协力干好工作的目的。

对领导者而言，无论是接收信息还是传递信息都离不开语言，因此，口便成了领导工作的重要"武器"。以言传道，以言育人，以言兴业，既是每位从政者必备的基本功，也是他们孜孜以求的目标。领导者能言善道，充分表达自己的意愿、准确传递指挥信息，显然更有利于领导工作的开展。领导者观点正确、态度鲜明、表述生动，无不影响着领导工作的效能和支持率。越是重要的部门，越是重要的岗位，越需要出众的口才。

良好的语言表达能力，不仅是宣传发动的需要，还是传授知识、增进人际关系的需要。讲话水平高，才能正确地领悟上级的意图并恰当地表达出来。而一个唯唯诺诺、语无伦次的人不能很好地做到这一点。领导者通过讲话可以让上司、同事、群众更深层次地了解自己，赢得大家的信任，才有机会胜任更重要的工作，也才有施展才华、成就事业的机会。

领导者的言语表达也是领导形象的组成部分，所言所行都是内在精神风貌的展示。领导者的言行举止不仅代表了其个人的形象，更是代表了党和政府的形象。《论语·子张》有言："君子一言以为知，一言以为不知，言不可不慎也。"君子的一句话可以表现他的有知，也可以表现他的无知，所以，说话不能不谨慎。

第四章 慎言

同样一件事情，不同的表达，会产生截然不同的效果。如果话说得不好，很可能把事情搞糟。领导者是一个群体的宣传者、组织者、执行者，话说得不好、有失水准，影响自然就不好。领导者经常要在大庭广众之下抛头露面，往往成为各种场合的焦点和中心，这种时候，高超的讲话水平对提升领导形象就显得尤为重要。

领导者是一定范围内的公众人物，一言一行备受世人关注，再加上其工作性质的特殊性，受各种复杂的人事关系的制约，更要谨言慎行。古人认为，位居人上的官员，一番言语，一番沉默，一动一静，都受到别人的仰视，都被百姓看在眼里，不能不小心谨慎。唐代宰相苏瑰在《中枢龟镜》中告诫儿子，"非所议者，勿与之言"，明代薛瑄在《从政录》中说："守官最宜简外事，少接人，谨言语。"

慎言才能远祸少悔。古人云，"出言不慎，祸机所伏"。《礼记》说，"不失口于人"，不要让自己无意中说出不应该说出的话，不要出口伤人，不要授人以柄。历史上因出言不慎而获罪、丧命、毁家的事例不胜枚举。

孔子曾告诫人们，做官要慎言寡悔。学生子张向孔子请教求官的方法，孔子说："多闻阙疑，慎言其余，则寡尤；多见阙殆，慎行其余，则寡悔。言寡尤，行寡悔，禄在其中矣。"意思是：多听，有疑问的地方先予以保留，对其余无疑问的地方谨慎地说出，这就能减少过失；多看，有疑问的地方先予以保留，对其余无疑问的地方慎重地实行，这就能减少懊悔。言语的错误少，行动的懊悔少，官职俸禄就在里边了。

人生有四件事是无法挽回的：说出去的话、射出去的箭、过去的时光、错过的机会。而其中，说出去的话是居于首位的。因此，为了不惹祸、不后悔，务必要慎言。"为官最宜安重。下所瞻仰，一发言不当，殊愧之""轻言则纳侮"。

同样，在各种社会矛盾错综复杂的今天，从政者如果管不住自己的嘴，就会造成工作上的被动，甚至会酿成大祸，造成不可挽回的损失。因此，说话要谨慎，话出口前，在口中滚三滚，考虑一下再说出去。

曾国藩认为，言语谨慎是为人处世的首要方法。说话要慎重、准确、负责任。好口才不是脱口而出，而是经过深思熟虑。这一思考过程十分必要，它不仅能帮助人们保持言语的合理性，还会规避可能存在的风险。

慎言，不是沉默不语，从政者要开展和推动工作，沟通情况、协调关系，不说话是不行的，但哪些话该说、哪些话不该说，哪些话该在什么场合、什么时间说，哪些话应该说到什么程度，应当考虑清楚，说时能够准确把握，做到言必适时、言必适情、言必适度，话说得恰到好处。

二、当心祸从口出

人在仕途，如果想要规避祸患，那么，慎言就是最紧要的一门必修课。

常言道："病从口入，祸从口出。"说话是一柄双刃剑，用好了，会事半功倍，可以为自己增益；用坏了，会给自己惹祸，甚至带来毁灭性的灾难。

言语不检往往是祸端之源。话说得不好，轻则惹出事端，重则招来杀身之祸。历史上许多祸乱的发生，导火索往往都是言语不当。这时，口舌就像一把砍伤自己的斧头，是毁灭自身的祸端。

《刘子·慎言》上说："口舌者，祸患之宫，亡灭之府也；语言者，性命之所属，而形骸之所系也。言出患入，语失身亡。身亡不可复存，言出不可复追。"

言从口出，一旦不合时宜，就会招致侮辱和祸患。白玉有瑕疵，可以通过磨砺来修复；而言语失当了，就像射出去的箭一样，想挽回也不可能了。言语出口，覆水难收，因此，为人处世须慎言。

说话是一种本事，也是一门艺术。古往今来，祸从口出、因言废人的事例太多，教训太惨痛了。

三国时期，许攸本来是袁绍的部下。官渡之战时，他为袁绍出谋划策，袁绍不听，他一气之下就投奔了曹操，为曹操屡出奇谋。曹操能在官渡之战以少胜多，许攸功不可没。

打败袁绍后，许攸开始居功自傲起来，仗着和曹操年少时的情义，甚至不把曹操放在眼里。不仅在大庭广众之下直呼曹操的小名，还总把曹操儿时的糗事说给手下人听。

曹操统领众将入冀州城，快进城门时，许攸纵马近前，用马鞭指着城门问曹操："阿瞒，没有我许攸，汝等可进得了这冀州城乎？"曹操碍于情面，只得点头称是，但心里早就对许攸不爽了。

许攸到处炫耀自己的功劳，经常口出狂言，惹得曹操手下的那些将士对他很是反感。

做人太高调，容易受打击。许攸确实是智谋过人，但在为人方面却极不明智，自恃才华不懂得收敛，口若悬河不屑谨言慎行，聪明人做糊涂事，以至于祸从口出，落得个身首异处，白白送了一条命。

"天狂有雨，人狂有祸。"狂话说多了，自然会引人反感，做人骄傲自负，口出狂言，终会招致祸事。在历史上，像许攸这样因没有慎言而招致杀身之祸者，数不胜数。

《格言联璧》中说："为人行事勿猖狂；祸福渊潜各自当。"明智者心有丘壑，不会多言语；有大格局者虚怀若谷，不会邀功争赏。做人做官最忌恃才傲物，当以谦虚谨慎为上，可以有傲骨，不可有傲气；切勿信口开河，警惕祸从口出，谨言慎行方是正道。

狂妄自大，口出狂言，咄咄逼人，爱在言语上争胜的，自然是最容易招人忌恨的，会引来灾祸。同样，如果说话不看对象，不过脑子，不加考虑，胡乱应对，也可能造成巨大的损害。

南北朝时期的北齐取代了东魏。北齐皇帝高洋继位后，一直对东魏的元氏宗亲心怀忌惮。有一天，高洋突然问东魏的宗室元韶："汉朝的光武帝为什么能够中兴？"元韶鬼使神差来了一句："因为王莽没有将刘氏杀光。"高洋一听，觉得他说得对，认为一定要吸取历史教训，于是将元氏一族一锅端了，前后杀了七百多人。元韶的一句话不但使自己被捕入狱，最终绝食而亡，还害死了整个宗族的人。

说话得过脑子，要不然，言语杀人比刀剑还要厉害百倍。

很多人跟上司、跟同僚说话比较谨慎小心，但跟熟人朋友说话就比较随便；在正规场合说话比较严谨慎重，在私下场合就比较轻率甚至放纵，尤其是酒酣耳热之时，容易说一些放肆的话，说一些怨气话，等清醒过来时则懊悔不已。

明朝陆容的历史笔记《菽园杂记》卷十，就记有因说话不慎被敲诈的尴尬事。辛弃疾在淮地做统帅时，朋友陈同甫去拜见他，两人谈天说地。辛弃疾酒喝得高兴了，就吹牛：杭州不是帝王的好居所，我只要将牛头山拦断，他就没兵可救；我只要将西湖的水决堤，整个杭州城就会葬身鱼腹。陈同甫料定，辛弃疾酒醒后，一定会后悔刚刚讲的话，害怕他杀人灭口，立即逃掉。一个多月后，他给辛弃疾写了封信，说自己很穷，想借十万块钱，辛弃疾如数借给。

言语不慎，让人揪住了小辫子，容易陷入被人控制的险境。有些人在无利害冲突时，不会随意伤人，一旦有了巨大的利益诱惑，就不会放过这个机会，哪怕是面对所谓的好朋友。所以说，害人之心不可有，防人之心不可无。防人先防己，防己先防嘴。

言语的伤害性之所以大，是因为话一说出来就很难收回，会在别人的口耳之间不断地传播，不断地夸大，不断地演变，由此带来的影响，说话的人根本没法控制，只能眼睁睁看着自己陷入麻烦和灾祸之中。

有时候，一句有口无心的话，一句不经意的牢骚，一句词不达意的话，都可能让对方误会，让关系生出嫌隙，毕竟话说出来，每个人会有不一样的理解，会得出不同的结论，会无端生出许多是非来。

生活中有不少人，说话之前不慎重，有时候得罪了别人，自己还不知道。《素书》中说"以言取怨者祸"，说的就是人生在世当慎言，切记"祸从口出"。

很多人之所以不会说话、因言得祸，根本原因还是修养不够。"是非只为多开口，烦恼皆因强出头。"在历史长河中，骄傲自大的人几乎都不得善终。今天职场中有些人，因为自己有点本事，手中有点权，掌控着点资源，受大家的奉承，就狂妄自大、口不择言，这于己于人都不会有什么好处。贾谊说："智者慎言慎行，以为身福；愚者易言易行，以为身灾。"真正的智者，应该修身养性，完善自我，情绪平稳，言行得当，用实力和谦逊赢得他人的敬佩。

老子说，"善言，无瑕谪"，强调说话要滴水不漏。说话一定要看时机，看场合，要考虑对方的接受能力，想清楚了再说，不能直言时就应婉转表达，连婉转表达都不行的时候就干脆闭嘴，切不可不知深浅轻重，胡乱开口。一个能管住嘴的人，既能照顾他人的体面，又能给自己留后路。

慎言，是修养，是自律。《围炉夜话》中有一段话说得精辟："神传于目，而目则有胞，闭之可以养神也；祸出于口，而口则有唇，阖之可以防祸也。"行走官场，一定要谨记祸从口出，管好自己的嘴，不该说的话不能说，该说的话好好说，如此，才能走得平稳、活得自在，始终立于不败之地。

三、言有所戒

领导者是一个组织或一个地方的代表，会不会说话，说什么样的话，都会受到社会公众的高度关注。领导者对自己说过的话是要负责的，什么能说、什么不能说，什么时候该说、什么时候不该说，在哪说、怎么说，说到什么程度，都是有规矩有禁忌的，需要格外慎重、准确把握，真正做到言有所戒。

曾国藩说："行事不可任心，说话不可任口。"领导者要做到言有所戒，就要有所言有所不言，以下几种话是万万不可说的。

违纪的话不说。在所有党的纪律和规矩中，排在第一位的是政治纪律和政治规矩。党的政治纪律对党员干部的言论作出了规范要求,如果违反了会受到严厉的处分。因此,党员干部要时刻牢记遵守党纪国法,什么该说、什么不该说,必须以政治纪律为准绳,始终站在正确的立场说话,绝不说与党的宗旨相悖离的话,绝不说伤害人民群众利益和感情的话,绝不说与党的路线、方针、政策相违背的话,绝不编造传播政治谣言以及有损党和国家形象的言论,绝不说不符合自己身份、地位的话。这是红线,是千万不可碰触的。

虚假的话不说。虚假的话有好几种:不切实际的大话、言之无物的空话、千篇一律的套话、瞒天过海的假话……这些虚假的话都是不应当说的。有的官场老油子可能会说:"现在说真话危险,说假话才安全,谁说真话谁傻。"说大话、虚话是讨巧的,也是容易的,在短期内还会获得一些好处。但虚假的话说多了,欺上瞒下,虚报浮夸,事情做不成,实效出不来,牛皮总有吹破的一天,迟早得为自己说过的假话买单。慎言不是不能讲真话,而是要慎重妥善地讲真话,实事求是地讲真话。

狂妄的话不说。自吹自擂,是涵养不够的表现。有一些人在顺风顺水得意时、风头正健得势时、与亲戚朋友欢聚时,不看时机,不看场合,胡侃乱说,夸夸其谈,自我吹嘘;还有的人在掌声和奉承面前,忘记了自己几斤几两,开始说狂话。等到醒悟,他们往往后悔。为官做人要时常提醒自己,不要迷失和膨胀。人外有人、天外有天,比自己强的人很多,要懂得收敛。人生大部分的失败都缘于两个字,一个是"懒",另一个就是"傲"。做人谦虚一点,总没有坏处。

抱怨的话不说。抱怨是解决事情无力的表现,也是一个人无能的表现。在工作生活中,人总会碰到不如意的事,有受委屈的时候,会有这样或那样的苦楚与困难,有点消极情绪也是可以理解的，但要注意控制情绪，不要带到工作中来。怨天尤人于事无补，解决不了任何问题，只会传播负面情绪。正所谓"牢骚太盛防肠断"，抱怨多了会让人意志消沉，会让人丧失希望，会让人不在状态。遇到问题，首先要自我反省，从自己身上找原因。有说抱怨话的力气，不如迈开步子，努力去行动。

阴暗的话不说。不要背后说别人的坏话，不说无理中伤的话。背后说人坏话，无论是在官场还是民间，都是让人十分憎恶的。背后说人坏话，说三道四，搬弄是非，说一些没有根据的话，干一些挑拨离间的事，那是相当不地道的。明代政治家吕坤说："言语之恶，莫大于造诬。"职场的一大禁忌就是背后胡乱议论同事、领导。明智的人，不会在背地里说别人坏话。

严苛的话不说。和善地讲话，会让人如沐春风；而讲伤人的话，则会让人心寒。《荀子·荣辱》中有言："与人善言，暖于布帛；伤人之言，深于矛戟。"言语的攻击性往往比刀剑还要锋利，它可以直刺人心，无形无影却伤人至深。说话切不可揭人疮疤、攻人短处。即使对下属也不能求全责备，揭人短处。俗话说，"尺有所短，寸有所长"，用人要扬长避短，用人所长，倘求全责备，则无人可用。若下属有了一点过错就抓住不放，不分场合地批评训斥，就会伤害下属的自尊心，不仅不能让他反省，反而会激发他的怨气。有格局的领导者，从来不记下属小过，定会慎言下属短长。

粗暴的话不说。现实生活中，确有一些干部的官气太盛了：有的口大气粗，举止傲慢，动辄训人，与下级或群众说话鼻孔朝天，骄中带狂，傲中带慢；有的不把群众放在眼里，动不动就说"雷语"、爆"粗口"，被新闻媒体曝光后，引来诟骂，甚至因此丢了职务。深究其中的原因，除了个人素质不高、涵养不够之外，骨子里还是官本位等封建思想在作祟，把自己当成了官老爷，看老百姓都是草民，自认为高人一等。

人生有戒，首在戒言。领导者的身份和地位相对特殊，其一言一行都受到公众的关注，其言语并非不受拘束的个人行为，而是事关党和政府形象、影响党的路线方针政策及决策部署的贯彻落实、体现干部队伍作风素质的大事，必须从政治的高度、品格的深度、工作的角度审慎对待自己的言行，始终做到言有所戒、行有所止。

真正高明的说话之道，不是滔滔不绝地胡侃，而是口下有尺、言之有道。从政者务必慎言，不因"官大"而失言，不因"官小"而乱言，不该说的不说，不该讲的不讲，要说合适的话，做合适的事，言行举止有礼有节有度，始终恪守言行的边界。

四、言不在多

孔子在瞻仰周始祖后稷的太庙时，看到台阶上立着一个以布箝嘴、表情严肃的铜铸人像，胸前勒文"金人"，背后有"无多言，多言必败；无多事，多事必多患"的铭文，教人慎言行。

言多必败，言多必失，言多必祸。《弟子规》讲"话说多，不如少，惟其是，勿佞巧"。对领导者来说，说话是一种工作方式，也是一门领导艺术，运用之妙，存乎一心，应做到言而有度，言少而精。

话说太多难免有失误。说话重复啰唆，会使人感到不得要领；说话胡乱随便，听起来就会荒诞不经，让人讥笑；说话太多太长，不给别人发言的机会，就会让人厌恶。不必说而说，是多说，易招怨；不当说而说，是瞎说，会招辱。有些话说多了犹如画蛇添足，只有坏处没有好处。

人在情绪不稳定的时候尤其要注意慎言。庄子曾说："两喜必多溢美之言，两怒必多溢恶之言。"意思是，两方都高兴就会有很多过分夸奖的话，两方都愤怒就会有很多过分指责的话。人在兴高采烈的时候，言语多失信用；人在怒气冲冲的时候，言语多失礼节。

曾国藩认为，做官而说话太多，是毛病。沉默寡言，是德行。特别应注重以下四种情况：发怒时要冷静说话，不要激动；高兴时言谈不要放纵；醉酒时不要胡说八道；亲密时说话不要没完没了。

多言令事败。如果一件事，只是刚有个想法，就到处去说，多半是办不成的。事以密成，言以泄败。

说话太多、太轻率，会损害一个人的威信。事实上，信誉不足的人，说话别人不相信，通常就会费尽口舌去讲更多的话。说太多，话就不值钱了，也就会失去别人的尊重。好像一栋老房子，房门四开，被人一眼看到了底。

墨子对他的学生说，宁学雄鸡，莫学塘蛙。池塘里的青蛙没日没夜地叫，口干舌燥，却没有人注意它的存在；鸡笼里的雄鸡只在天亮时啼叫，但一唱天下白，一鸣惊人。要善于掌握说话的时机，该说的时候就要说，说到点子上；不该说的时候不要乱说，管住自己的嘴巴。

有的人之所以有时说话啰唆，是由于不相信自己的分量。越是夸夸其谈的人越显得没有内涵，越是内心丰盈的人越是沉稳，越能把握得当、言简意赅。古人说："有道德者必不多言，有信义者必不多言，有才谋者必不多言。"少言慎行、言出必行，不仅有利于个人威信的树立,也会少许多麻烦。

《道德经》认为:"知者不言,言者不知。"真正的聪明人,往往少言寡语,不多说,不乱说,不逞口舌之快。该说的说,不该说的不说,分场合分对象,不逾越不唐突,才是为人处世的睿智和修养。正所谓:"言不在多,希言则贵,善言则巧。"

《周易》说:"吉人之辞寡,躁人之辞多。"善良睿智的人往往言辞很少,浮躁虚妄的人往往讲话很多。"愚人的心在其嘴上,智者的嘴在其心上。"一个明智的人懂得言多必失的道理,即便说话,也会斟酌再三,思虑周全,绝不会口无遮拦,授人以柄。

刚被提拔的人,对新职务、新环境、新情况还不熟悉,如果急于表现自己,轻率发表意见,往往抓不住关键,说不到点子上,反而自显其陋、自曝己短,贻笑大方。上任之初最重要的是了解情况,多看,多听,多思。多言取厌,语言太多,即使不出错,也会失去分量。不适当的话说得越多,越容易让自己陷入困境。

少说不是不说,而是不轻易说那些没有把握和没有价值的话。古人说:"言不在多,达意则灵。"言不在多,贵在真实,贵在达意,贵在有人听。辞约旨丰、话短意长,是当众说话水平的一种高境界。"删繁就简三秋树,领异标新二月花"。要善于以简驭繁,用最少的字句去表达尽量丰富的意思,不说可有可无的废话,不说言之无物的空话,不说陈腐老旧的套话,做到长话短说、言简意赅、精练简洁。

领导者要善于讲短话,把话讲到点子上,这才是真正的有能力、有水平。说短话,就是讲管用的话,讲话紧扣主题,不夸夸其谈、东拉西扯,不故弄玄虚、哗众取宠,不讲"正确的废话"。讲短话是一种智慧,需要长期学习和积累,还要经常深入实际,吃透情况。这样，讲起话来才能有的放矢、抓住关键，观点鲜明、重点突出，要言不烦、言简意赅。

领导者要多听少说。苏格拉底说过："上天赐人以两耳两目，但只有一口，欲使其多闻多见而少言。"倾听是由领导工作的特点决定的。法国作家安德烈·莫洛亚说："领导人应当善于集思广益，应当懂得运用别人的头脑。"他援引希腊谚语说，"多听少讲有利于统治国家"。领导者需要通过认真倾听来了解情况，汇集建议，科学决策。好的领导者不一定事事都是最懂的，但一定是最善于倾听的。

领导者应当拒绝做"语言的巨人、行动的矮子"，行动比语言有力，行动是最响亮的语言。光说不练假把式，光练不说傻把式，又练又说真把式。领导者要会动嘴更要会动手，说得好还要做得好，保证言行一致，真正做到言必行、行必果。

五、言必有中

慎言，不是不说话，而是谨慎地说话，妥当地说话。对领导者来说，"会说"是一项重要的基本功。会说，善于说，能说到点子上，是有才华、有智慧的表现，它属于工作能力的一部分，能起到动员、说服、组织和引导下属和群众的作用。

孔子说："夫人不言，言必有中。"意思是说话要谨慎，不说则已，说了就要说中肯、说准确、说到位，说出来的话要一语中的，抓住关键。领导者要有意识地提高自己的语言表达能力，善于在不同的场合，面对不同的对象，准确生动地表达自己的思想见解。一个成功的领导讲话，应当达到以下几方面的要求。

一是言之有理。言之有理，就是要体现准确性。准确性是领导运用语言，与他人或组织进行交流的基本要求。凡出一言必有所为，不得突如其来，不得茫无头绪，不得杂乱不清，不得有首无尾。讲话的准确性、可信程度如何，直接关系到讲话的质量和效果。

有一些领导者，很有思想和见解，但难以将想法说清，说者费劲，听者着急；有的逻辑混乱，说话颠三倒四，言不及义；也有的讲起来口头禅很多，打乱了自己的正常语流；有的语调平淡，缺少抑扬顿挫，态度不鲜明。这些都妨碍了思想的准确表达，使讲话效果大打折扣。

讲话的政治立场要正确，观点主张要合理，所持态度要公正平和，引用材料数据要真实可靠，不杜撰，不夸大，不缩小，不含含糊糊、模棱两可；同时，要注意逻辑，应用准确、精练的语言来表达，努力做到讲话条理清晰、详略得当、周密完整、无懈可击。

二是言之有时。"言贵精当，更贵适时。"能否把握好说话的时机，直接关系到一个人的说话效果和交流效果。选择适当的说话时机，是达到沟通目的的重要手段之一。善于沟通的人，往往可以将话说得恰到好处，因为他们知道在适当的场合、适当的时机，以适当的方式表达自己的观点。

在人际交往中，有很多话不是我们想什么时候说，就可以什么时候随便说的。如果没有选择好时机，在不恰当的时间说不适合的话，不仅起不到作用，还可能把事情搞砸，让自己增添烦恼。孔子认为说话容易犯三种过失："言未及之而言谓之躁，言及之而不言谓之隐，未见颜色而言谓之瞽。"没轮到他说便抢着说叫急躁，该说的时候不说叫隐瞒，不看对方的脸色便贸然开口叫盲目乱说。这三种情况都是没有把握好说话的时机。

卡耐基说："要想把话说得恰到好处，最重要的一点就是把握住说话时机。说话的时机，常常就在瞬息之间，稍纵即逝，时不我待，失不再来。因此，对说话时机的把握，比掌握、运用其他说话技巧更难更重要。"

说话要注意把握时机，时机到了，才把该说的话说出来。与别人谈话，最好选对方时间比较充裕、情绪比较高涨、心情比较好的时候，或对方愿意接受的时候。同时，还要注意选择适当的场合，自觉地接受场合的制约，不说与气氛、与场合不相符的话，借助环境来促进交流，达到最佳的交流效果。

三是言之有情。列宁认为"没有人的感情，就从来没有也不可能有人对真理的追求"。人总是受一定情感支配的，人的很多行为都是在感情的推动下实现的。古人云，"感人心者，莫先乎情"。言为心声，情真才能词切。只有诚恳朴实，以诚为本，体现关怀之情，才能引起心理的共鸣。净讲毫无新意的原则性道理、程式化语言和言不由衷的虚话，都是令人生厌的。应力戒只会开口念稿的毛病，一定要有自己的思想，有自己的感情，说自己的话。领导者面对的是被称为万物之灵的活生生的人，讲话要用心、用力、用情，要饱含感情，善于激励，调动情绪力量，才会感染人、打动人、鼓舞人。

四是言之有文。"言之无文，行而不远"。意思是，语言没有文采，就不能流传很远。语言有文采，听众才会兴味盎然，乐于倾听和接受，内心才会产生共鸣。一个好的言辞应该具备一定的艺术性和审美感，优美的语言、飞扬的文采更易拨动受众的心弦，更具感染力、说服力。

语言生硬呆板，只能使对方觉得味同嚼蜡，自然不会有兴趣聆听，这样也就收不到应有的效果。而干巴巴的套话官腔，只能拒人于千里之外，不但收不到好的效果，甚至连开展谈话也很困难。

做到言之有文，就应学会灵活运用比喻、对偶、排比、引用等修辞手法，用群众熟悉的事物来解释说明比较抽象深奥的道理，用句式的变化来增强语言的节奏感，以此增强讲话的形象性、生动性和感染性，让自己的讲话更加精彩，更具文采。

学会使用群众语言。大众语言来自人民群众，是人民群众发明创造的，它包括谚语、歇后语、惯用语、网络流行语等。在讲话中巧妙地运用，更能精炼明了、贴切传神地表情达意，能够增强讲话的通俗性和感染力。

五是言之有度。度是分寸感，言之有度体现领导干部的内在修养和人情练达。懂分寸，能让人与人之间相处得融洽、舒服。做人要言之有度，把握好说话的分寸。一个真正有魅力的人说话，总会以同理心换位思考，说出的话恰到好处，让人如沐春风。

"知人不必言尽，言尽则无友；责人不必苛尽，苛尽则众远。"批评和表扬、施恩和加威、同意和拒绝、命令和纳谏、说服和咨询，领导工作中有许多环节，都需要恰到好处地表达。不疾不徐、不卑不亢、言之有度，才能把握主动，控制局面。《菜根谭》里有一句话："攻人之恶，毋太严，要思其堪受。"说话不可太直，留三分余地给人，也留几分空间给自己，才能张弛有度、进退自如。

凡事不能过度，不及或过度皆损。领导者心中有度，才能看清是非，衡量得失，说话才能知多少，知轻重，才能把握分寸，不夸张、不隐瞒，不会说得太过、太多、太满。一个真正会说话的人，懂得尊重他人，不夸大其词，也不随意指责他人，会注意场合和对象，能拿捏好语速、语气和语调，做到言之有度。

六、言而有信

诚信是领导干部道德形象魅力的重要来源，是公务人员的基本道德要求。所谓"人无信无以立"。如果领导干部言而无信，就会丧失信誉，损害党和政府的公信力。从政者要塑造良好的品德形象，必须做到诚信守约。

诚信是做人的起点，也是做人的归宿。孔子说："人而无信，不知其可也。"孟子说："言而有信，人无信而不交。"墨子云："言不信者，行不果。"所有这些无不强调了诚信是一种承诺，一种保证，一种真诚；讲诚信就是一诺千金。离开"诚信"二字，就没有资格奢谈什么情操、襟怀、气节、教养等为人的品格和修养，自然也不会是好朋友，更不会是个好领导。

《周易》引孔子的话说："忠信，所以进德也；修辞立其诚，所以居业也。"这里的"修辞立其诚"，就是指说话做人要讲诚信。要做到言辞上以礼待人，其核心就是对他人真诚尊重。人生在世，第一要义无非是让自己成为一个有修养的人、有道德的人。要做到这一点，首要就是要讲诚信。这就是"忠信，所以进德也"。人生的第二要义，就是事业有成，在某一领域或专业有自己的建树，能够安居乐业。"居业"的前提是"诚信"，所以是"修辞立其诚"。

君子寡言，言必忠信。一个人的言论体现了自身的修养，言必有信，说出来的话，必须能做到才行，否则不如不说。说话要谨慎，不是说得越多越好，因为说出的话要兑现，说起来容易做起来难。《论语·为政》记述了这样一段对话：子贡问老师孔子怎样做一个君子，孔子告诉他："先行其言而后从之。"做人，要尽量做到言行一致，心口如一。能管住自己嘴巴的人，是有智慧的人。

《论语·卫灵公》记载："子张问行。子曰：'言忠信，行笃敬，虽蛮貊之邦，行矣。言不忠信，行不笃敬，虽州里，行乎哉？'"只有言而有信，言行一致，才能得到他人的信任，那么即使是在蛮荒陌生的地方也会行得通；如果说话不忠诚信实，行为不恭敬实在，就是在本乡本土，也处处受阻。古人为避免因言行不符而造成失信，一方面主张力戒"轻言"，如轻率许诺、不切实际地树立目标等。"古者言之不出，耻躬之不逮也。"意为古人不轻易许诺，因为他们以自己做不到为耻。另一方面反对因虚荣而脱离实际地肆意吹嘘。孔子发现一条规律："其言之不怍，则为之也难。"那些说话大言不惭的人，往往很难说到做到。言语要实事求是。以此告诫从政者要慎言，否则，如果说的没有做到，就会失去民众的信赖。

领导者要言而有信，一言九鼎，说到做到，绝不可信口雌黄，言而无信。人不讲信用，不知道他还能做些什么，何况一个领导呢？如果一个领导平日言而无信、出尔反尔、自食其言，在正常情况下，即使其决策、决议是科学可行的，人们对此也会持怀疑态度；而一向言必信、言必行、行必果的领导者，人们对他就信赖不疑。现实生活中，那些有威信的领导者，都是诚实守信、言行如一、言必兑现、言而有信的人。

孔子反对那种言而不实的花言巧语，以防"巧言乱德"。他说："巧言令色，鲜矣仁。"花言巧语的人，往往面目伪善，很少有仁德。因此，要言语忠诚老实，行为厚道而又严肃认真，用实际行动说话。老子说:"信言不美,美言不信。善言不辩,辩言不善。"巧辩和饰美会伤害言语的真实和诚信,不是正道所为。反观现实生活中,有些人喜欢以夸大其词、漫无边际、巧言乱德的话取悦听众,个别干部乐于搞"假大空",不仅败坏党风和社会风气,还失去了老百姓的信任。

"言必先信,行必中正。"开口说话是一件最简单不过的事,但要做到言而有信、言出必行,似乎就不那么容易了。亚里士多德讲说服之修辞有三要素——信誉、逻辑和情感,可信排在第一位。领导者讲话,一定要言必信,言必行,行必果。

坚持讲实话。说实话,重点是不隐瞒下情,不曲解上意,报喜也报忧,反映真实情况,不回避问题,不夸大其词,不避重就轻,不文过饰非,客观地分析困难,有针对性地提出工作建议。讲话彰显担当,敢讲真话实话,拒绝"假大空",既是领导者必备的政治品格,也是干部担当作为的应有之义。说实话,要敢于坚持真理,在大是大非面前,立场坚定,旗帜鲜明,勇于发声,用自己的话语还原事物的本来面目;要坚持以党的事业为重、以人民利益为重,排除私心杂念,敢于站在客观公正的立场上发表自己的真实想法和看法;要能够开诚布公,光明磊落,秉持一心为公的正气和实事求是的勇气,一切从实际出发,既敢讲实话,也善听实话。

讲话前要全面掌握情况。没有调查就没有发言权。把调研工作做好了,底子清了、情况明了、办法有了,讲起来就能一语中的,分析问题就会一针见血,才能将真知灼见完整地、深刻地表达出来。领导干部应当走出机关,深入基层,在实际生活中"望闻问切",准确、全面、深刻地了解情况,发现问题,形成对事物的全面理解和科学清晰的工作思路,这样讲起话来才能胸有成竹、有的放矢。

　　慎重许诺和表态。任何时候，都不能光凭良好愿望甚至主观想象去许诺，离开客观实际和条件许可，随意向别人许诺，虽然一时可以用你的诺言满足对方，但是，这"慷慨"带来的苦果却要由你一人来吞食。领导乱开空头支票，次数多了，将会失去可信度。轻诺者必寡信。因此，一定要慎重承诺和严肃地履行承诺，绝不能搞那些不负责任、口惠而实不至的空洞许诺。自己做不到的事情就不要说，更不要承诺于人。作为一个领导者，要言而有信、一诺千金，切不可乱表态，一旦表态就要坚持到底。

　　坚持言行一致。领导干部讲诚信，要坚持言行一致，凡要求部属做到的，自己要身体力行，以身作则，从自己做起，说到做到，说话办事丁是丁、卯是卯，重实际、求实效。光明正大地说话办事，人前人后一个样，台上台下一个样，对人对己一个样。对上不阳奉阴违，对下不矫揉造作，处理公共事务不搞暗箱操作，不搞当面一套、背后一套的两面作风，不搞对人一套、对己一套的双重标准。这样，讲话才有分量，工作才有威信。

七、管好嘴巴

　　三年学说话，一生学闭嘴。

　　嘴巴乱吃东西，人就会得病；嘴巴乱说话，说的话太多，就会招惹祸患。圣人讲"君子以慎言语，节饮食"，也是这个意思，要管住嘴，闭住嘴，少说话，不吃太饱，避免祸从口出，病从口入。不论是养生还是修身，管住嘴都至关重要。

言多必失，失言致人取祸，多言令人生厌，虚言被人看轻，轻言为人所辱。做人要谨慎一点，管好嘴，才能远离是非，才能避免矛盾。《道德经》中讲："多言数穷，不如守中。"意思是，人说的话多，往往会使自己陷入困境，还不如保持虚静沉默，把话留在心里。

守心不出错，守嘴不惹祸。职场中，一个人懂得好好说话，守住自己的嘴，才能守住自己的运势和未来。说话前要思考，先思考而后发言。三思而后行，是说在说话办事之前一定要多思考，要进行准确分析，比如要认真考虑自己的话是不是得体，会不会引起什么误会，会不会给自己惹上麻烦，是不是能够找到更为合适的话来替代。经过思考之后，能让自己的话语恰如其分地说出来，所说的话往往就具有可控性，就相当于给嘴巴设置了一道闸门，这样就不容易出乱子，不得罪人，也不伤害人，还不让自己被人伤害。

愚蠢总是在舌头比脑子跑得快的时候产生。有的人想到什么说什么，其实，这是一种不成熟的行为，说话不经过脑子，直接脱口而出，有失沉稳，会让自己处于被动的局面，得罪人而不自知，会错失很多机会。

真正有涵养的人说话一般都会经过深思熟虑，从不轻易下结论。正所谓"水深则流缓，语迟则人贵"。成年人要为自己说过的每一句话负责，因此必须慎言。大事，商量着说；急事，冷静地说；小事，幽默地说；没事，啥也别说。很多话，想一想，就不必说了。

无论是在回答别人提问之时，还是与人交谈，都要学会去思考对方语言背后的逻辑是什么，想要得到什么样的答复，懂得应对怎样的人说怎样的话，懂得区别以待，懂得思考自己所说的话会不会给他人带来影响、伤害或给自己带来麻烦，做到先思考后作答，谋定而后动。

　　学会沉默。说话是人的本能，能闭嘴才是本事。人生，要学会适时沉默，不逞口舌之快，谨言慎语，才能避免给自己带来麻烦，从而活得洒脱。《荀子》中说："言而当，知也；默而当，亦知也。"就是说，说话恰当是一种智慧，在该沉默的时候选择沉默，也是一种智慧。

　　"风流不在谈锋胜，袖手无言味最长。"为人处世宁可多一些沉默寡言，也不可自作聪明。人与人之间，就算关系再亲密，也要保持恰到好处的距离感，不该说的要保持沉默。南宋大臣张九成说，对身边的人，非因公事不要随便与其多说话。有一首诗云："缄口金人训，兢兢恐惧身。出言刀剑利，积怨鬼神嗔。缄默应多福，吹嘘总是蠢。"清代名臣张廷玉也是这样做的，高士奇向他请教为官之道时，张廷玉说道，"万言万当，不如一默"。

　　办事要周密。事在没成之前，千万不要对外讲。做事沉稳、踏实的人都有一个共同点，就是事情没有做成之前，都不会轻易对别人讲，往往是做了再说，甚至做了也不说。所以，从古至今，成大事者都是守口如瓶的人。《菜根谭》中说："口乃心之门，守口不密，泄尽真机；意乃心之足，防意不严，走尽邪蹊。"遇到重要的事情，注意守口，最好不要和他人沟通，一旦泄露出了机密，后果会不堪设想。

　　人在职场，管好嘴巴，对同事，不说是非，不传绯闻，不揭人短；对领导的工作计划和不足之处，以及领导处理人事关系的态度、领导个人家庭生活和隐私都要保密。但领导的隐私如有违背法律之处，则不应帮其隐瞒，必要时应采取适当方式予以揭发。职场中无论是领导还是同事，都喜欢嘴比较严的人，信任善于保守秘密的人，而对于夸夸其谈的人，上司一般很少委以重任，因为觉得他们不稳重。因此，话多会失去领导的信任，也会失去晋升的机会。

说话要严守党和国家的秘密，坚决维护党和国家的安全和利益。泄露了党和国家的秘密，后果将十分严重，不仅会给党和国家利益造成损害，个人也将受到法律的惩处。对不该说的秘密千万别说，尽量不在非办公场所、与工作无关的人谈论工作事项；在与家人、朋友沟通交流的时候，不将工作事项作为谈论资本。心中始终绷紧保密之弦，将保密利剑悬于当头，不该问的秘密不问，不该看的秘密不看，不该传的秘密不传，对该守的秘密一定要严守，一言一语都不可透露。

行事不可任心，说话不可任口。不知节制、喋喋不休，实际上是心灵贫瘠、思想浅薄的表现。真正心灵丰盈的人，会有正确的自我认知。了解自己的无知，知道语言的有限性，才会惜言如金。慎言其实是一种谨慎的态度，说话要有所畏、有所止、有所防。"言必有防，行必有检"，古代著名的智者鬼谷子曾教导弟子，口是心的门户，心是灵魂的主宰。意志、情欲、思虑和智谋都由这个门户出入。故而要"守口如瓶，防意如城"。

慎言是一种修养，修身养性一定要戒多言。曾国藩认为，多言多语最能磨损人的意志和精神，沉默寡言能修养德行使之深厚，又能滋养精神使之充沛，使内心永远保持宁静。慎言少语，可以滋养心灵。常言道，静坐常思己过，闲谈莫论人非。一个人懂得适时沉默，经常自我反思，不断自我沉淀，才能克服浮躁与焦虑，让自己的思维保持清醒与理性，让自己的心态复归沉静与平和。

人要能管好自己的嘴，才能掌控自己的人生。言由心生，管好自己的嘴，先要守住自己的心，修好自己的心。守住心，才有清净之地；守住心，才不受别人干扰；守住心，才有适当的言行。修心的方式有很多种，关键是要学会独处，放空自己，让自己安静下来，让自己处于气定神闲的状态。修心的最好方式是阅读，多读书能让人知书达理，能让人享受孤独清静，能让人更好地管住自己的嘴。

第五章
慎权

利民之事，丝发必兴；
厉民之事，毫末必去。

慎权，就是敬畏权力，谨慎用权。权力是把"双刃剑"，正确运用权力，掌权为公，执政为民，才能造福社会；滥用权力，掌权为己，以权谋私，就会害人害己。权力意味着责任，风光与风险并存。从政者必须端正权力观念，自觉接受监督，正确行使权力，不专权、不贪权、不滥权，处理好权与责、公与私、义与利、情与法的关系，做到公正用权、依法用权、为民用权、廉洁用权。地位越高，权力越大，越要小心，越要格外谨慎。

一、权力是把双刃剑

　　领导者手中多少都掌握一点权力，这个权力指公权力，公权力体现在领导者个人身上就是职权。权力是领导的基础，是实现指挥引导、沟通协调、激励鼓舞等领导职能的基本条件。一个人没有权力就不能成为真正的领导者。

　　权力对人类社会的发展至关重要，是任何社会组织都不可缺少的。不同层级的权力形成权力网络，借助这个权力网络才能把社会组织成一个密切联系、井然有序的有机体。公权力的行使者运用物质的、精神的驱动手段，协调社会生活，推动社会的经济、政治、文化、科学、教育等各项事业的运行和发展，促进社会的全面进步。

第五章 慎权

权力能够明确人们在社会中的地位和角色，能够让人尊重并服从权威。各归其位，各得其所，社会秩序才能得以维持。权力可以激励人们去争取更好的地位和待遇，调动人们的工作积极性。通过权力机制，社会资源可以按照一定的规则分配给不同的人，以实现资源的有效分配，确保各方利益的平衡，促进社会的公平正义。

权力是组织使命的体现，是职责任务的具化，是领导地位的表示，是推进工作的手段。权力是赋予个人或组织制定决策和影响他人的能力，拥有权力的领导者可以决定行动的方向、资源的分配和政策的制定，协调人与人之间的关系，从而对个人、团体和整个社会产生重要影响。

在我们国家，人民群众是国家真正的主人，国家一切公共权力均来源于人民群众，一切权力属于人民群众。领导干部手中的权力是人民赋予的，是用来为人民服务的，因此，分量很重，作用很大。

任何事物既有好的一面，也有坏的一面，既有利，也有弊，这就是事物的两面性。权力也具有两面性，既可以用来办好事办实事，也可以腐蚀人心、扭曲人性。

权力具有腐蚀性，用得不好会让人变得脑子不灵光。历史学家亨利·亚当斯说："权力是一种以杀死患者的同情心终结的肿瘤。"

陶醉在权欲中的人，会表现出一种类似于创伤性脑损伤的症状：冲动性增强，风险意识减弱，而且很明显的一点——换位思考能力降低。

腐败和愚蠢是权力的双生子，总是如影随形。掌权者可能因对权力的过分迷恋而做出与其智商不相匹配的愚蠢行为，权力之下的组织会因管理失效而踯躅不前。权力放纵是愚蠢行径最大的诱因，在大权独揽的诱惑下，人容易有愚蠢荒唐的行为。

权力为何具有如此强烈的腐蚀性？这是权力的特性使然。权力有支配性。掌握了权力，就掌握了支配力量，"号令一出，莫敢不从"，在社会价值和利益分配中占先。所以权力往往成为角逐的焦点。权力还有扩张性。孟德斯鸠指出："一切有权力的人都容易滥用权力，这是万古不易的一条经验。""有权力的人们使用权力一直到遇到界限的地方才停止。"

英国历史学家阿克顿有句名言："权力易于导致腐败，绝对权力导致绝对腐败。"如果权力不断膨胀的欲望和金钱、利益不断扩张的冲动相结合，就有可能产生"核聚变"，就会利令智昏，使法律的边界溃塌、道德的底线失守，使掌权者变成贪得无厌、无法无天的腐败贪污者。

就权力的特性来说，它具有两面性，这种两面性取决于领导者有权之后如何看待、对待、运用权力。权力被善用，掌权为公，它就是天使，可以成为掌权者发挥才智的平台，服务社会，推动发展，惠泽万民，实现和提升自身价值，为人生增光添彩；权力被滥用，掌权为己，它就是魔鬼，转变为掌权者满足私欲、为所欲为的工具，就会贻害事业，贻害社会，祸害百姓，也将贻害自己。莎士比亚说过："权力的本身虽可称道，可是当它高踞宝座的时候，已经伏下了它的葬身的基础了。"换句话说，权力可以使人书写出光辉的篇章，也可以把人钉在历史的耻辱柱上。

对权力要心存敬畏。"敬"体现出一种认识态度、一种价值追求，促使自己"有所作为"；"畏"则表示一种自省、一种自警，警示自己应"有所不为"。古人云，"畏则不敢肆而德以成，无畏则从其所欲而及于祸"。一个领导者如果失去敬畏之心，做人做事就可能变得狂妄自大、为所欲为，以致给自己带来祸害。

《左传·昭公七年》记载，春秋时期宋国大夫正考父是几朝元老，他对自己要求很严，他在家庙的鼎上铸下铭训："一命而偻，再命而伛，三命而俯。循墙而走，亦莫余敢侮。饘于是，鬻于是，以糊余口。"意思是说：每逢有任命提拔时都越来越谨慎，第一次提拔要低着头，再次提拔要曲背，第三次提拔要弯腰，连走路都靠墙走，生怕别人说我傲慢。尽管是这样，也没有人看不起我或胆敢欺侮我。生活中只要有这只鼎煮粥糊口就可以了。正考父官拜上卿，依然对权力保持敬畏之心，"偻""伛""俯"三个动词，生动形象地描述了正考父地位愈高愈恭敬的样子，表现了他出自内心的谨慎与低调。

党的各级干部手中的权力是很大的。可以说，权中有利益得失，权中有财产万千，权中有毁誉忠奸，权中有人命关天，权中有事业成败，权中有百姓祸福。领导干部只有对权力常存敬畏之心，才会讲规矩、知戒惧、守底线，才能正确对待权力、谨慎用好权力。

必须理性对待权力。保持冷静和清醒，正确看待手中的权力，是为官从政的必修课。领导干部手中的权力是人民赋予的，是党组织托付的，对权力只拥有使用权，而没有所有权，更不能把权力视为自己的私有财产。领导干部只有清楚地知道权力从何处来，才能明白权力当用到何处，从而树立正确的权力观。要把权力当责任，当官掌权就要对党和国家负责，就要为人民群众服务，必须按照客观规律，为了人民对美好生活的向往而努力工作，严格要求和约束自己，真正做到立身不忘做人之本、为政不移公仆之心、用权不谋一己之私。

理性地看待权力，就是要让权力成为一种负担。原苏联部长会议主席雷日科夫曾引用过一句很有哲理的话："权力应当成为一种负担。当它是负担时就会稳如泰山，而当权力变成一种乐趣时，那么一切也就完了。"就是说，当掌握权力意味着要承担起保障公众利益和满足他们要求的重大责任，使你总在担心自己能力不足和担心犯错误时，这样的权力对掌权者是一种负担，一般人也不会来和你争。相反，当权力主要意味着能给个人带来好处而社会责任却处于次要地位时，那么权力的真正意义也就丧失了，一些人就会趋之若鹜。

敬畏权力，就要审慎用权。要正确处理好权力与责任的关系，权力越大，社会责任就越重，越要小心谨慎。有权不可任性，不可滥用权力，以权谋私。对待权力，要努力做到公正用权、依法用权、为民用权、廉洁用权，这样才能保证权力能够用得好、用到该用的地方，使权力发挥其利国为民的公器作用。

二、特权思想不可有

什么是特权？顾名思义，就是法律、制度规定之外的特殊的权利，是一般人不能享有的权利。特权思想就是政治上、经济上超越法律和制度的权利行为欲望。

权力具有扩张性和腐蚀性。人一旦拥有了权力，获得了强势地位，特权思想就容易出来作祟。人掌了权，容易觉得自己很厉害，也就容易膨胀。一些干部感觉自己当了官，掌握了权力，拥有了鲜花和掌声，就有了优越感，有一种"指点江山""挥斥方遒"的错觉，感觉自己和其他人不一样，要高人一等，于是各种特殊化都来了。

有一些特权思想较为严重的情况：有的人认为自己是领导，规章制度是用来约束别人的，与己无关，严以律人，宽以待己；有的人独断专行，把"班长"当"家长"，不听班子成员和群众意见，搞"一言堂"；有的人热衷于炫"特殊身份"、搞"特殊待遇"、谋"特殊利益"，时时处处都要显现"与众不同"；有的人明里暗里为亲属升官发财奔走，在升学、就业、提拔、看病、办事等方面谋求特殊照顾，占用优质资源，侵害群众利益；有的人以权谋私，搞权权、权钱、权色交易，违规审批、违规决策，甚至违反法纪大搞特殊化。有权任性的人，是典型的特权思想之产物。

这些情况表明，特权思想在少数官员的脑子里依然根深蒂固，特权行为时有发生，"手中有权、高人一等"俨然"天经地义"、习以为常。在他们看来，自己作为官员，手中有权、地位显赫，就应该高人一等，得到特殊照顾。值得警思的是，特权思想、特权现象滋生蔓延，经常有冠冕堂皇的理由、"名正言顺"的依据。也因此，特权腐败往往被"去道德化"，反而成为权势象征，让一些人不以为耻，反以为荣。

特权，不是正当个人利益，不是正常工作职权，而是一种"法外之权"，是在法律和制度规定之外，利用权力搞特殊、谋私利，多吃多占，贪吃贪占。哪里有特权，哪里就有不公；哪里有"法外之权"，哪里就出现腐败。与其他权钱交易等腐败不同，特权现象往往藏不住、掖不住，就发生在群众眼皮底下。这些特权现象严重损害了社会公平正义，引发了群众的极大不满。

特权思想由来已久，有历史渊源，更有现实因素。滋生特权思想的原因是多方面的。

一是封建专制传统，这是特权思想、特权现象产生的历史根源。从根本上说，特权思想脱胎于几千年封建专制社会的"官本位""官尊民卑"等腐朽思想。邓小平曾深刻指出："搞特权，这是封建主义残余影响尚未肃清的表现。"封建思想的残余，如宗法家族观念、"尊卑有序"的社会等级观念，仍在时不时左右人们的思想。有的官员认为享有一些特权是天经地义的事，一旦有了机会，他们便充分行使特权。

二是制度不规范，这是特权思想、特权现象滋生的条件。有的热点、难点问题存在已久，但在重要领域和关键环节还存在制度空白，相应的制度没有及时建立。有的制度只有原则性规定，缺少具体实施措施，可操作性较弱。

三是监督不到位，这是特权思想、特权现象蔓延的诱因。拥有特权思想的人每时每刻都在力求摆脱监督制约，以便毫无限制地行使手中的权力。加上特权的"隐性化"趋势及"人情文化""熟人社会"的影响，使得"上级监督较远、同级监督较弱、下级监督较难"的现象仍然存在。

四是惩处不严厉，这是特权思想、特权现象存在的症结。特权游离于法度之外，有的暂时缺乏具体的定性量纪标准；有的即使有规定，但惩处力度不够，让搞特权的人"得远大于失"，导致其心存侥幸、肆意妄为。

特权思想和特权现象最直接的危害就是对党群干群关系的破坏。如果问问群众对领导干部的哪些行为看不惯，耍特权无疑是其中之一。耍特权对群众感情的伤害、对党的威信的损害，都是十分严重的。特权思想的危害还远不止于此。有特权思想的领导干部，在党内生活中也往往自认为是"特殊党员"，奉行"官大一级压死人"，喜欢搞一言堂、家长制，使党内民主窒息；领导干部的特权思想和特权作风还具有"示范作用"，会腐蚀社会风气，使越来越多的人以自己享受特权的多少作为人生成功与否的判断标准，进而崇拜特权、追求特权。

特权思想、特权现象的存在，必然与公平正义相对立，与全心全意为人民服务的权力本质相背离，必将严重地脱离人民群众，损害党和政府的形象，动摇党的执政基础，削弱政府的行政能力，破坏社会公序良俗，是党的纪律所不允许的，必须坚决反对和克服。

领导干部身份固然特殊，但切不可因此而"特殊"了做人做事的格调，必须采取有力措施，坚决反对和克服特权思想、特权现象。

树立人人平等的现代观念。特权思想是一种陈旧、落后、畸形的价值观，与法律面前人人平等的理念格格不入。人与人之间只有分工不同而没有尊卑贵贱之别。从党成立那一天起，党的干部不论职位高低，都是人民的公仆，都必须为人民服务。领导干部手中虽然握有一定的权力，但这是用来完成职责的，是用来为民谋利的。所以，一个人一旦成为领导干部，心里一定要始终牢记：自己手里有权了，但脑子里不能有特权思想，更不能在工作和生活中表现出特权作风。要牢固树立法律面前人人平等、制度面前没有特权、规章约束没有例外的意识，坚决反对只讲面子、不讲真理，只讲感情、不讲原则，切实防止权力商品化、庸俗化。

始终不忘自己也是百姓。走上了领导岗位，不是要从此脱离群众，而是要当人民群众的公仆和勤务员。古谚说得好："吃百姓之饭，穿百姓之衣，莫道百姓可欺，自己也是百姓。"领导干部不忘自己也是百姓，才会把自己当常人、凡人看，才会居官不骄、不霸，处处以平民之心统领自己、要求自己、看待自己；而不会把自己当作"大人""超人"看，高高在上，唯我独尊，当官做老爷。当年，罗荣桓元帅曾告诫一些高高在上、搞特殊化的领导和机关干部："不要以为你很高，这种高是因为你骑的马高。下了马，该多高还多高。"罗荣桓元帅这番意味深长的话，旨在提醒党员干部要正确对待自己、正确对待群众，多一些对党尽责、为民奉献的责任感，少一些权力上、地位上的优越感；多一些平民意识、百姓情怀，少一些高高在上、唯我独尊的思想。

倡导文明进步的从政文化。文化是制度之母。反特权是对腐败"零容忍"的社会心理基础和制度文化基石。文化内化于心，也外化于行。特权思想直接源于"官本位"思维。很多官员显然不具备公职人员应有的公仆意识，而是将公共权力视为其个人私产，一旦登堂入室，就要处处特立独行，认为这样才显得有"面子"、显"身份"。想要打破特权，就要从思想上根除一些领导干部及相关执法机关的特权思想。对特权思想进行文化清理，应抓紧整治有特权色彩的公务行为、公共形象载体，形成由外向内的"倒逼"机制。如改进会风文风、禁止奢华奢靡等，既有利于秉承公仆精神、摒除特权思想，也有利于净化社会文化生态，形成尚廉鄙腐的社会文化环境。领导干部要主动接受监督，将自己置于监督之下，时刻警惕和坚决抵御特权现象的滋长蔓延，同时，要严肃追究和严厉惩处搞特权的行为，有效预防和最大限度地减少特权现象发生。

三、公正用权

权力是国之公器，姓"公"不姓"私"，领导干部要坚持公平正义这一权力使用的根本标准，把权力当责任，对人民负责，对党负责，对国家负责，心底无私，秉公办事，做到公平、公正、公开，公道正派。

社会善治需要公平公正。古人云，"治世之道为在平、畅、正、节。天下为公，众生平等，机会均等，一视同仁；物尽其力，货畅其流，人畅其思，不滞不塞；上有正型，下有正风，是非分明，世有正则；张弛疾徐，轻重宽平，皆有节度"。不平等便不平衡，不平衡则人心不平。人心不平便失去社会安定；不通畅便存在蒙蔽、隔膜、压抑；不公正便失去原则，失去是非、失去信任；没有节度，便失去控制，泛滥成灾。由此可以看到公平公正的重要性。

领导者道德上的形象魅力来源于公正，所谓"公生明"。自古有"治天下也，必先公""政者，正也""无偏无党，王道荡荡"等说法。《论语》指出："其身正，不令而行；其身不正，虽令不从。"领导者只有做到了公平公正，才能远离奸邪，避免公权私用，才有人格魅力和政治威信，群众才信你、服你。《汉书·萧望之传》说："如是，则庶事理，公道立，奸邪塞，私权废矣。"领导干部要力求为人处事公道正派，努力做到公正用权。

领导者只有出于公心，正确处理好公与私的关系，才会珍惜、慎用权力，才能不误用、不滥用权力，才可有效防止权力私有化、商品化、权钱交易和权力寻租等腐败行为，确保权力为民服务。古人讲，"居官守职以公正为先，公则不为私所惑，正则不为邪所媚"。公正是为官之本、用权之绳。领导干部出问题，很多是出在用权不公上，人民群众对一些领导干部用权不公也有不少意见。从政者掌权用权，最重要的是要出于公心，做到公正处事、公正执法、公正用人，严格按照法律和政策办事。

一要公正处事。古人云，"理国要道，在于公平正直"。对手握权力的领导干部来说，公平公正，就是按照人类共有的良知和约定俗成的社会规则处理工作中遇到的方方面面的事情，按照同一标准和同一原则办事，让正义得以实现。

有公心，必有公道。领导干部每天都要面对形形色色的人和事，每件事都处理得十分得体，让所有人满意，那是很难的。但只要能够把心摆正，遇事从公心出发，复杂的事情也会变得简单；总是盘算小九九，简单的问题也会变得复杂。正如古人所说，"公正无私，一言而万民齐"。

坚持公道公正的原则，一把尺子量人，一个标准对事，一碗水端平，是最简单、最管用的处事方法，也是真正的有水平。平出于公，公出于道。领导干部想问题、办事情，要站在公正无私的立场上，出以公心，不存私心，秉公办事，坚持按原则办事，按制度办事，按民意办事，才能以心正求公正，以公正服大众。

二要公正执法。公正是几千年来为人所称道的道德，自古就有"天子犯法，与庶民同罪"的说法。人是有尊严的，都希望自己与别人一样受到同等的对待，企盼在法律面前人人平等。法律不仅是社会治理的标尺，也是协调各方的轮盘。若没有一个权威的标准来约束行为，人们都按照自己的意愿各行其是，那么社会必将陷入混乱无序的状态；若有了法律的规定却不严格执行，那也会使他人不服，破坏了公平正义。

公正执法，就是要求执法者秉持理性正义，保有基本职业良知，做到客观中立、不偏不倚、法律面前人人平等，避免行政处罚畸轻畸重、同事不同罚，有失公平。执法者需要综合考量违法行为的性质、情节、危害程度、社会影响、公共需求等相关因素，排除权力、人情、关系、私利等不相关因素，防止选择性执法、逐利性执法、随意性执法。

公道正派的领导者，必须秉公执法，不能因为某一人而放低标准，也不能因为任何因素而改变条件，必须坚持以事实为依据，以法律为准绳，严格执行法律程序，将暗箱操作和特权思想都拒之门外，防止权力出轨、职权滥用、个人寻租，这样才能使人心服口服，才能维护社会和谐稳定。

三要公正用人。选贤任能，更需公平。历览古今兴衰事，成败得失在用人。公正用人，就是要坚持任人唯贤的干部路线，反对任人唯亲。实践表明，任人唯贤，唯才是举，求贤若渴，则事业兴旺；任人唯亲，搞团团伙伙、亲亲疏疏，用人不当，则事业遭殃。选人用人一定要举之五湖四海，绝不能以人划线，不能掺杂个人好恶，要尽力做到公平公道。

选用干部最重要的是"公"。在用人问题上，必须严格按照党的好干部标准和选拔任用政策，重素质、重业绩、重公论，坚持凭德才、作风和实绩选人用人，大胆提拔德才兼备的干部走上领导岗位，做到思想上秉以公心、标准上公尺丈量、程序上公正透明、任用上尊重公论，以公开求公正、以公正促公信。

公平对待、正确评价干部。既要看到干部的长处，也要看到干部的短处；既要看到干部的优点，也要看到干部的不足；既要看平时，也要看关键时期；既要看组织评价，也要看群众公论。坚决摒弃任人唯亲、排斥异己、封官许愿、说情干预的不良风气，不搞优亲厚友，也不因关系疏远而刻薄，努力做到公道正派。

公道公正是一种价值观念和思想作风。领导干部应坚持立党为公，光明磊落，扶正祛邪，培养和树立公道公正的思想作风，成为坚持公道公正的表率；始终把党的事业、国家的利益、人民的利益放在第一位，把大公无私、公道公正作为一项重要的从政准则，在工作、学习和社会生活中，时时处处做人民利益的坚定维护者。

公正用权就要坚持原则。为官从政要坚持真理，主持正义，刚直不阿，依法办事，在重大问题上能够坚持正确的原则和立场，绝不能拿原则做交易，拿原则送人情，拿原则换赏识。按原则办事，按规矩办事，不能个人说了算，提倡有主见，反对搞主观。办事要出于公心，绝不能在工作中掺杂个人的好恶，尽量排除私心杂念，更不能感情用事，不能带成见，带倾向，支持一派、反对一派，要一切从工作出发，一切为大局着想。

公正用权必须不谋私利。利令智昏，私利能使人丧失原则，丧失立场，从古至今有多少人拜倒在金钱之下？拿了人家的钱就要替人家办事，那是无法做到办事公道的。因此，只有不谋私利，才能光明正大、廉洁无私，才能主持正义、公道。要克服对权力的片面认识，防止把权力变成谋取私利的资本，搞权钱交易；克服"与人方便，于己方便"的错误认识，防止等价交换原则侵蚀权力，防止在公正用权上出问题。

公正用权需有担当勇气。公道办事，就必然会有压力，会碰上各种干扰，特别会碰上那些不讲原则的有权有势者的干扰。要有一种不信邪的精神，当出现不正之风干扰时，不管这种干扰来自哪里，是什么背景，都要敢于抵制，敢于向丑恶现象说不。坚持制度面前没有例外，不能因为有上级领导打招呼或跟自己比较熟悉，就随意开"口子"，打政策擦边球。当各种跑官风、说情风刮来时，不仅要丝毫不为所动，而且要旗帜鲜明地加以反对，以刚正的品格、公道的作风，树起公正公平的形象。

四、依法用权

领导干部带头守法用法，关键要正确处理好权和法的关系，做到依法用权。这是对领导干部法治素养最经常、最直接、最现实的考验，也是衡量国家法治水平的一个重要标志。

领导干部是党执政的骨干力量、中坚力量，建设社会主义法治国家，在法治轨道上促进改革发展、维护社会稳定，要靠领导干部去组织、去推动，需要领导干部的法治意识、法治素养有一个大的提升；领导干部负有保障法律实施、法律执行的基本职责，能不能推动和确保秉公执法、公正司法，直接关系到法治权威的树立，关系到法治秩序的形成和法治建设的成效；领导干部是法治实践的引领者、示范者，自身带头了、做好了，就能以上率下，带动全体人民弘扬法治精神，积极投身法治中国建设。

《韩非子·有度》有言："能去私曲就公法者，民安而国治；能去私行行公法者，则兵强而敌弱。"意思是说："去除私心杂念实行公正法度，则百姓安定、国家太平；抛弃自私行为而按公正法度行事，则兵力强盛而克敌制胜。"历史经验证明，只有用法律来限制、约束、规范权力，把权力关进法律的笼子里，才能使权力为善为民。

领导干部是否称职，很重要的一个方面就是看有没有法治意识、具不具备法治能力、能不能坚持依法办事。这就需要领导干部顺应时代要求，带头学法尊法守法用法，努力做法治型领导干部。在学法上，应当更加全面深入，做到先学一步、高出一筹；在尊法上，应当更加坚定自觉，真正内化于心、外化于行；在守法上，应当更加严格自律，时时处处以宪法法律为准绳；在用法上，应当更加积极主动，养成遇事找法、办事依法、解决问题靠法的行为习惯，以自己的模范行动，带动全社会树立对法治的信仰，汇聚起建设法治中国的强大力量。

反之，领导干部不懂法、不敬法、不守法，产生人治思想而不觉，长官意志逐步严重，就会以言代法、以权压法，凡事自己说了算，就会把法律当摆设，对法律规定视而不见，不履行法定职责，使一些法律法规变成一纸空文。有的甚至目无法纪、滥用权力，知法犯法、徇私枉法，铤而走险，面对法律高压线而"带电操作"，随意插手司法案件，办关系案、人情案、金钱案，导致腐败事件，后果极其严重，群众反映强烈。

"君臣上下贵贱皆从法，此谓为大治。"领导干部是党执政的主要承担者、国家政权的主要执行者、经济社会管理活动的主要组织者，其依法执政能力的高低，事关党的事业兴衰成败。坚持依法用权，是提高依法执政能力、推进治理现代化的本质要求。

依法用权，前提是强化法治理念。法治思维是基于法律信仰下的认识事物、判断是非、解决问题的思维形式。顺应时代发展潮流，领导干部的思想观念要由崇尚权力向崇尚法律转变，思维方式要由依靠主观意志向依照法律法规转变。

首先，要做法律权威的坚定维护者，树立宪法和法律至上的理念,弄明白法律规定怎么用权,心中高悬法律的明镜,手中紧握法律的戒尺,知晓为官做事的尺度,正确处理权与法、情与法、利与法的关系,杜绝以权压法、以言代法、徇私枉法,自觉养成学法、守法、用法的行为习惯,真正做到心中有法,虑必及法,言必合法,行必依法。

其次,要做法律规章的模范遵守者,坚持依法用权,以法律规范作为行使权力的依据、评判是非的标准、履行职责的要求,法律面前不变通,权力面前不滥用,责任面前不逃避。

最后,要做法治进程的自觉推动者,在依法办事中探索执行法律法规的新做法、新经验,着力构建有法可依、有法必依、执法必严、违法必究的法治秩序,切实维护司法公正,保障公民的基本法律权益,使法律面前人人平等的法治精神在社会管理的各个领域、各个层面得到充分贯彻和体现。

依法用权,关键是把握权力边界。公权力来自人民、源自法授。领导干部手中的权力,不是个人的而是党和人民赋予的,不是无限的而是受党纪国法约束的。正确对待权力,关键是要把握好权力边界。没有制约的权力必然导致腐败,没有边界的权力必然导致滥用。能否依法治权、依法办事,是衡量领导干部能否正确行使权力的重要标志。

现实生活中,有的人一旦当了官,手里有了权,就昏昏然、飘飘然,搞不清"我是谁",心中无党纪,眼里无国法,忘乎所以、为所欲为,要么碰到事情总是有意无意搞"我说了算","长官意志"代替"法官意志";要么揣着明白装糊涂,干出一些以言代法、以权代法或权大于法、权高于法的事情来,导致身败名裂。

所有的权力都要在宪法下行使,在法律法规的框架内运行,受法律法规的约束，这是为官从政务必恪守的基本规则。坚持依法用权，重要的是把握好"法无授权不可为、法定职责必须为、法定程序不可违"的基本要求，自觉在法律约束下用权，在法治的轨道上用权。一方面，按照权责统一的理念，切实履行分内职责，勇于负责、敢于担当，推动各项工作，杜绝为官不为；另一方面，要严守权力边界，按照权力清单用权、按照法定界限用权，严格按规定的程序和制度办事，自觉用程序规范权力、约束权力，切实做到令行禁止，真正把权力关进制度的笼子里，坚决防止乱作为、滥作为，使权力在法律范围内活动，让权力在安全线内运行。

依法用权，必须坚持依法履职。领导干部必须学会以法律的手段开展工作，养成依法决策、依法办事的习惯。说话做事、处理问题要先考虑是否合法，充分运用法治思维、法治方式、法治行为谋划工作、深化改革、推动发展、化解矛盾、维护稳定，带头营造办事依法、遇事找法、解决问题用法、化解矛盾靠法的法治环境。

决策要依法。决策主体要合法，在法定职权范围内行使决策权，避免越权无效决策；决策内容要合法，不与法治精神相违背，不与现行法律相抵触，不与权利义务相矛盾，不与人民群众的根本利益相冲突；决策程序要合法，按照法定程序决策，该听证的要听证，该审议的要审议，该表决的要表决。

运用法治手段协调社会关系。注意社会利益格局发生的新变化，堵住法制漏洞，消除法治盲点，规范社会利益关系；善于从国家法律和党的政策取向上，把握人民群众共同利益与不同阶层具体利益的结合点，着力发展人民群众最现实、最关心、最直接的合法权益；坚持保护合法、规范合理、打击非法的原则，协调处理社会阶层之间的利益矛盾，维护社会大局稳定和公平正义，构建团结和谐的社会阶层和人际关系。

五、为民用权

执政为民是官员掌权用权的本质要求。权力意味着责任、服务和奉献。掌权就要为民服务，履职就要为民尽责。

心无百姓莫为官。官员虽然分工不同、岗位不同、权力不同，但其根本宗旨和主要职责都是为人民办事，当人民公仆，为人民服务，而且官越大、权越重，越应该作出成绩，越应该把群众利益放在行使权力的最高位置，把群众满意作为行使权力的根本标准。

做到为民用权，首先必须懂得权力的来源。权力的来源问题是一个基础性问题。权力的行使者必然对权力的赋予者负责，这是再浅显不过的道理。谁授权，就要为谁服务，就要对谁负责，这是政治学的一条普遍原理，也是权力运行的一条基本法则。违背这一法则，权力就会被滥用，就有丧失权力的危险。

马克思主义权力观的核心是权为民所赋、权为民所用。在社会主义中国，国家的主人是人民，权力的主人是人民。党和政府的一切权力，都来自人民的委托，二者之间是"被委托"与"委托"、"公仆"与"主人"的关系。毛泽东早就说过，我们的权力是谁给的？是人民给的。官员手中的权力，不是个人奋斗得来的，也不是上级给的，不是哪个人赏赐的，而是人民赋予的。权为民所用是权为民所赋的必然要求。知道权从何来，才可能懂得如何用权。

必须清醒认识到，自己手中的权力是人民赋予的，人民是权力的所有者。权力的性质决定权力的功能,人民的权力只能用来为人民服务。权力的运用必须体现人民的意志和愿望,勤政为民,夙夜为公,要把权力用在为人民群众办实事、解难事、谋实惠上。对领导者而言,权力只意味着责任和义务,权力越大,责任也就越大。权力用在为民服务上是天职,用在立党为公上是尽职,用在碌碌无为上是失职,用在谋取私利上是渎职,绝不能把权力当作以权谋私、巧取豪夺、中饱私囊的私器。只有既勤政又廉洁,居位尽其职,任职思利民,才算真正做到为民用权。

"夫为吏者,人役也"。领导干部的权力、责任和义务,归结为一句话,就是为人民服务,做人民公仆。干部无论自己资历有多老,职务有多高,权力有多大,都是人民的公仆,要摆正"主人"与"公仆"的关系,切不可将其颠倒。摆正自己的位置,从政之路才能越走越稳、越走越宽阔。一言以蔽之,干部时刻不能忘自己是人民公仆,时刻不能忘公仆只能姓"公",不能姓"私"。

"人民公仆"不仅是一种称谓,更是一种责任和要求。一切属于人民,一切为了人民,一切依靠人民,一切归功于人民。做人民公仆,就要以公仆之心鞠躬尽瘁,以赤子之心执政为民,把权力看作是为人民服务的责任,而不是享受;把职位看作是为人民服务的岗位,而不是一种待遇;把人民群众利益放在行使权力的最高位置,把人民群众满意作为行使权力的根本标准。绝不能口头上自称公仆,行动上却高高在上;绝不能表面上大公无私,背地里却把权力私有化、商品化。

坚持为民用权,就要牢固树立群众观点,坚定不移走群众路线,把群众呼声作为第一信号,把群众需要作为第一选择,把群众满意作为第一标准,始终保持对人民群众的深厚感情;就要自觉站在人民群众的立场上，摆正自己在人民群众中的位置，端正对人民群众的态度，切实把自己看成群众中的普通一员。思想上尊重群众，政治上代表群众，感情上贴近群众，行动上深入群众，工作上为了群众，才能赢得人民群众的信任，才能称得上合格的人民公仆。

坚持为民用权，必须树立责任意识。权力的行使与责任的担当紧密相连，有权必有责。人民群众赋予我们权力的同时，也给予了我们服务群众的沉甸甸责任。"在其位，谋其政""为官一任，造福一方"，权力是为人民服务的岗位和工具，也是系一方兴衰的责任。

现实生活中，少数领导干部事业心、责任感不强。有的只要不出事，宁可不干事，对工作敷衍应付、得过且过；有的遇到矛盾绕道走、碰到困难往后退，该抓的不抓、该管的不管、该改的不改，满足于当四平八稳的"太平官"。戏剧《七品芝麻官》有一句台词，"当官不为民做主，不如回家卖红薯"。新时代的干部应有更高的精神境界和责任感。

看一个干部，很重要的一点是看有没有责任感，有没有担当精神。肯干事、干成事的干部越多，党和人民的事业就越有希望。组织和群众把我们推选到领导岗位上，让我们有了为人民服务的大舞台，这是一种巨大的信任，理当珍惜使命、不负重托，把人民赋予的权力用于"无限的为人民服务"中去，紧紧围绕人民关心的、关注的、关切的问题运用权力，找准权力的着力点，以权力的行使落实主动回应人民关切，体现权力服务人民的气度、力度和温度，做到守土有责、守土尽责，担当起正确行使权力的责任，真正让权力造福于民。

为民用权，要坚持利为民所谋。领导干部的全部工作，就是要不断实现好、维护好、发展好最广大人民的根本利益。除了人民的利益，没有也不应有自己的特殊利益。为民用权，就要从人民利益出发，用好人民赋予的权力，把全部心思和精力用在为民谋利上，当好人民群众的服务员。

权力只有拿来为民服务，才能真正体现其价值。用好权力，归根到底在于造福人民。领导者要牢固树立群众利益第一的观念，着力维护人民群众权益，保障人民群众的经济、政治、文化、社会等各项权益，切实把改善人民生活作为正确处理改革发展稳定关系的结合点，切实解决损害群众利益的突出问题，在全心全意为人民谋利益中成就自己的人生价值。

"利民之事，丝发必兴；厉民之事，毫末必去"。只要是涉及群众利益的事，有利于人民群众的事，就要千方百计、积极主动、真心实意、全力以赴地去做；始终顾念人民的疾苦，时刻把群众冷暖、民生疾苦放在心上，热心帮贫扶困，尽心排忧解难；坚持求真务实，珍惜民力，从大处着眼、小处入手，把急难愁盼的民生实事办到点子上，真正把实事办实、好事办好、难事办妥，让人民群众学有所教、劳有所得、病有所医、老有所养、住有所居，切实提升人民群众的获得感、幸福感和安全感。

六、廉洁用权

廉洁是从政之本。自古以来，仁人志士不只把为官清廉看成一种道德理想来追求，而是当作从政为官最基本、最起码的道德规范来要求自己。《晏子春秋》云："廉者，政之本也。"《吕氏春秋》认为："临大利而不易其义，可谓廉矣。"北宋陈襄《州县提纲》说道："居官不言廉，廉盖居官者分内事。"清廉是为官从政的分内事，应当自觉保持清廉的情操。

公生明，廉生威，廉洁方能聚人，律己方能服人，身正方能带人，无私方能感人。汉代董仲舒认为"至廉而威"，汉代桓宽说："欲影正者端其表，欲下廉者先之身。"明代薛瑄说："正以处心，廉以律己……信以接物，宽以待下，敬以处事。"只有廉洁奉公方能树立榜样和威信。

廉洁从政是对从政者的基本要求，也是为政用权的底线。一心为公，两袖清风，执政才能执得好。国家之兴，莫不始于吏治清廉；国家之患，莫不源于吏治腐败失治。吏治腐败，必然导致腐败横行，政权衰亡。所以说，从政者清廉与否，关系人心向背，关系事业成败，关系政权兴衰。

从政者最大的危机和风险，就是公权私用。"政在去私，私不去则公道亡。"当代官员的权力是党和人民赋予的，只能用来为党分忧、为国干事、为民谋利。公权私用，损害的是党的形象和干部的个人威信，很容易走向腐败犯罪，最终坠入灭亡的深渊。从政者一旦在廉洁问题上翻了船，就会一失万无。

公权为公，不可私用。用好权，必须突出一个"公"字。公款姓"公"，一分一厘都不能乱花；公权为民，一丝一毫都不能私用。权力姓"公"不姓"私"，公与私的界限必须分清，要讲大公无私、公私分明、先公后私、公而忘私，为官者只有一心为公、事事出于公心，才能坦荡做人、谨慎用权，才能光明正大、堂堂正正。

权力在手中，一定要慎用，不可滥用。有位哲人说过，"腐败是附着在权力上的咒语"。如果在权力观上出现偏差，把权力视为谋取个人私利的工具，不顾党纪国法，就会滑向权钱交易、权权交易、权色交易等蜕化变质的泥潭。

廉洁用权，要树立正确的利益观。人民的利益高于一切，个人利益服从整体利益，全心全意为人民谋利益，实现好维护好发展好广大人民群众的根本利益，是领导干部对待利益问题的基本原则。要正确看待个人利益、正确看待个人得失、正确把握利益关系，不为私欲所扰、不为物欲所惑、不为名利所累，养成"计利当计天下利"的胸襟，处理好公与私、个人利益与整体利益的关系。

做官不求财是天道。古人认为，"受禄之家，食禄而已，不与民争业"。为官拿俸禄就不应与民争利，不能再搞什么副业创收。"升官发财请走别路，贪生怕死莫入此门"。当官就不要想发财，想发财就别来当官，当官发财本应两道，绝不能脚踩两只船，绝不能让权力染上铜臭味，这是天下公义，也是纪律要求。从政者无论面对什么利益，都要想一想是否合乎道义。在行政和行使权力的过程中，要始终牢记为民服务、为民谋利的宗旨，不得以个人私利为重，不得利用职权谋取不正当利益。"君子爱财，取之有道"。为官者应该树立起正确的利益观，摒弃见利忘义、唯利是图的行为。

廉洁用权必先廉洁自律。权力异化首先是从思想动摇开始的。思想的口子一旦打开，就可能一发而不可收。这就要求从政者一定要加强自身思想道德修养，增强自律意识，磨炼意志品质，提高精神境界，保持高尚的道德情操，追求积极向上的生活情趣，时刻提醒自我，管住自己的欲望，从思想上筑牢拒腐防变的堤防。要始终保持头脑清醒，心存敬畏、手握戒尺，慎独慎微、勤于自省，自觉遵守党纪国法，严格约束个人行为，切实过好权力关、名利关和人情关，经得起权力的考验。

廉洁用权，必须按制度行使权力。只有依靠制度的力量，把权力关进制度的笼子，才能遏制任性用权。严格遵循民主集中制的原则和程序，认真做到集体领导和个人分工负责相结合，落实"三重一大"制度，凡属重大问题都由班子集体研究决定。严格执行领导班子议事规定与决策程序，按照"集体领导、民主集中、个别酝酿、会议决定"的原则，集思广益，博采众长，既要充分发扬民主，防止"一言堂"、独断专横，又要适度集中，形成统一意志、统一步伐、统一行动，提高办事效率。领导干部在日常工作中要坚持厉行节约、勤俭办事，在办公用房、配车、公务接待等方面从严从简，不搞特殊化，不利用手中的权力给自己亲属和朋友谋利益，始终做到公正用权、廉洁从政。

廉洁从政，就要严格家教家风。一人不廉，全家不圆。家既可以是幸福温馨的港湾，也可能成为滋生祸患、催生腐败的温床。为亲情因私废公，触犯党纪国法，亲情就成了一条"绑架"自己的看不见的绳索，自己被捆了个结结实实却浑然不觉，最终前程尽毁、家庭破碎。无数事实证明，亲情因素对干部从政行为的影响是不容忽视的。人要走正道、行正事，修身、齐家是基本前提。从政者必须把修身持家摆在重要位置，以修身涵养官德、以官德淳化家风，管好自己和家人，防止他们利用自己的职权和影响谋求特殊照顾或做违纪违法的事情，真正守好家庭廉洁堤坝，建好幸福美满家庭，在廉洁齐家上做模范。

廉洁用权，就要确保权力在阳光下运行。权力必须接受监督。加强制约和监督，是权力运行的基本规律。权力一旦失去监督，就会导致权力滥用甚至滋生腐败。领导干部使用权力，当然要接受组织和人民监督，不想接受监督的人、不能自觉接受监督的人、觉得接受监督很不舒服的人，不具备当领导的起码素质。

公开才有公平，透明才会清明。领导者的权力是人民赋予的，就要接受人民的监督，要在阳光下用权，不能搞暗箱操作。凡是行使权力不公开、不透明，就一定是在背后搞小动作，搞名堂，耍花样。把权力公开在大众之下，抓好各种政务公开，接受群众的监督，这本身就是对权力的一种制约，也是对干部的一种保护，能有效遏制腐败的发生。

从政者要提高认识、转变观念，深刻认识到监督的本质是爱护，纠正那种监督就是不信任的观念，增强主动接受监督的意识，习惯于在"聚光灯"下行使权力，习惯于在"放大镜"下开展工作，自觉把自己置于组织、群众、舆论监督之下，坚决克服设障逃避监督的行为，坚决防止人为暗箱操作的现象，确保权力规范、公开、有序运行。

第六章

慎 欲

贪如火，不过则自焚；
欲如水，不过则自溺。

慎欲，并非要除欲或无欲，而是要节制那些不正当的、过度的欲望，克制贪欲。人生而有欲，谁也不能例外。慎欲，正确的办法是以理导欲、以理制欲，通过理性和信念把欲求控制在"无过无不及"的程度，常思贪欲之害、常去非分之想，做到非理之财莫取、非理之事莫为，"心不动于微利之诱，目不眩于五色之惑"，切实过好权力关、金钱关、美色关、名利关，做到欲不逾矩，欲不损德，欲不伤身。

一、欲可制不可纵

"欲"，就是欲望，是由人的本性产生的想达到某种目的的要求。告子说"食色，性也"，孔子说"饮食男女，人之大欲存焉"。欲望是人的本能，人人皆有欲。

欲望是人生活的动力与生存的活力。《菜根谭》有言："无风月花柳，不成造化；无情欲嗜好，不成心体。"人生在世，欲望与生俱来，挥之难去。没有欲望，便没有人类的活力和发展。

正当合理的欲望，是引领人向上的阶梯，是推动社会进步发展的动力源泉。人类要在生活、事业和感情等诸多方面有所追求，有所造诣，有所成就，不能没有欲望的推动。如果没有欲望，人类今天还住在山洞里。

马斯洛把人的需要分为生理需要、安全需要、社交需要、尊重需要、自我实现需要等不同层次。人的一生就是要满足一个又一个需要；没有欲望就没有追求，正因为有欲望，人才有动力去追求成功，才有动力去战胜困难，才能使自己一步步接近目标；没有欲望就没有变革，科技的每一次创新、制度的每一次变革，都有人的欲望在前面牵引、在背后推动。

正当的欲望是值得肯定和尊重的。但是，欲望的发展是有限度的，所谓过犹不及，假如一个人欲望多了、高了、大了、过了，无限膨胀，失去理智，欲望就会走向反面，就会异化为贪欲，滋生贪腐堕落之心，被欲求之物所迷惑、羁绊、奴役和淹没，最后被无度的贪欲所害，葬身于自己的"欲壑"。

好在欲望是可以节制的，因为人是有理性的。荀子说："欲虽不可尽，可以近尽也；欲虽不可去，求可节也。"关键在于，人应该用自己的理性控制自己的欲望，而不是被欲望所控制。欲望如水，水可滋润万物，也可淹没万物。处理得好，欲望会成为前进的动力；处理不好，欲望就会利令智昏。

"无理则欲滥，无欲则理废。"人有欲望是正常的生理现象和社会现象，企图息欲、灭欲不可能，亦不可取；而纵欲又贻害无穷。唯一正确的办法是以理导欲、以理制欲。所谓以理导欲、以理制欲，就是通过理性把欲求控制在"无过无不及"的程度，做到欲不逾矩，欲不损德。

欲望既可能成为束缚心灵的枷锁，也可能成为开启幸福的钥匙，关键在于人如何去正确认识和把握。欲望就像一匹野马，不能信马由缰。有操守、有良知、有定力的人都能节欲制欲，敬畏权力，把握嗜好，控制兴趣，排除私欲，慎独自律，始终驾驭好自己的欲望。

一要知危，认清危害。所谓知危，就是对纵欲的危害和风险见微知著、防患于未然。懂得人性的弱点，才能自觉地驾"欲"，理性地制"欲"，机智地止"欲"。知危是一种思想自觉，也是一种政治上的清醒。

欲望过度就是贪婪，贪婪令人丧失理智，使人难免被无度的欲望所累所害。欲壑难填是各种灾祸的根源。有人曾说，"有欲甚，则邪心胜""欲炽则身亡"。现实生活中，不少官员都是由于欲望过度膨胀而胡作非为、肆意妄为，进而腐化堕落以致落马的。不管是已经被查处的"老虎"还是"苍蝇"，他们都没能很好地驾驭自己的欲望，跳不出"贪财""贪色""贪权""贪名""贪杯""贪玩"等欲望的泥淖，深陷其中而不能自拔。

古往今来，贪欲不知毁掉了多少人的功名事业，不知使多少人身败名裂。老子说："罪莫大于可欲，祸莫大于不知足，咎莫大于欲得。"贪欲是一切祸患之源。欲多则心散，心散则志衰。"贪"近乎"贫"，"婪"近乎"焚"，如果遏制不住，陷入困境，是非常可怕的。

欲望太过于强烈，必然伤害自己。正所谓，"贪如火，不遏则自焚；欲如水，不遏则自溺"。从人性角度来看，人的心中都有一只欲望之虎。职位越高、权力越大，它就越有可能冲出牢笼，噬人伤己。领导者唯有保持警醒，心有所畏，认清危害，才能拒绝诱惑，远离危险。

二要知节，以理制欲。欲望是可以节制、转化和升华的。为官从政，必须学会用理性驾驭欲望。"天下之难持者莫如心，天下之易染者莫如欲"。世界上难以战胜的，往往是人内心的欲望。人的欲望是无止境的，如果不加强自身修养，学会节制，欲望就会无限膨胀，得寸进尺、得陇望蜀。

要用正确的理念引导欲望的实现，遏制不良欲望的发展。精神境界和追求品位的提高，是把握自己欲望、经受住各种诱惑和考验的基础。古人云："德比于上，故知耻；欲比于下，故知足。"要多一些精神追求，少一些物质享受。在对待生活待遇问题上，要有高尚的道德情操和宽阔的胸怀，工作上、精神追求上向高标准看齐，生活上、物质享受上向低标准看齐，以品格来升华欲望，使情趣变得高尚清雅，使欲望发挥正面作用。

老子说："知人者智，自知者明。胜人者有力，自胜者强。"能战胜自己的人才是真正强大的人。然而，战胜自己，终属不易。从政者要牢固树立正确的人生观，自觉把欲望关进制度的笼子，用理性扑灭那些不合实际的欲望邪火，坚持严以修身、严以用权、严以律己，始终保持健康的情趣和良好的精神状态，坚守廉洁奉公的价值追求，真正做到清清白白做人，堂堂正正做官。

三要知足，力戒贪求。知足，是了解自己的真实需要，懂得满足。老子曾说："祸莫大于不知足，咎莫大于欲得。故知足之足，常足矣。"人最大的灾祸是不知道满足，最大的危险是贪得无厌。只有懂得满足的人，才会得到满足。人心不足蛇吞象，一个人若是活在欲望的沟壑里，被各种各样的欲望所驱使，则永远无法得到满足。

老话说："良田万顷，日食三升；大厦千间，夜眠八尺。"人的客观需要总是有限的。仔细想想，身为领导干部，有工资福利，也不缺房，日子过得好好的，何必伸手要不该要的东西，开口讨不该有的利益,最后当火山口上的守财奴?即便贪得许多钱财,但上上下下都有眼睛盯着,一乱花就"露馅""犯事",哪有地方和胆量去搞奢侈,还不是像捧着一堆烫手山芋?已经够了还要攒,明知烫手还要拿,贪婪无度实在是一种病态心理,是为贪而贪。正如巴尔扎克所言,"贪心好比一个套结,把人的心越套越紧,结果把理智闭塞了"。

事因知足心常乐,人到无求品自高。不贪是清白的沉淀剂。从政者为己的欲望越小,清白的空间就越大。领导者对现有的职位与待遇十分珍惜,心感快慰;对额外的利益不想入非非,不存非分之想,就会知足,就会量力而行,就会保持内心平衡,进入一种"知足不辱,知止不殆"的理想境界。

四要知止,及时制止。"见欲而止为德"。古人说,利不可赚尽,福不可享尽,势不可用尽。从政者能够知止,就能明白自己的定位,站稳应有的立场,扮好自己的角色,经得住诱惑,耐得住寂寞,顶得住歪风,管得住自己。如果不能知止,就可能得意忘形、自我放纵,人生就可能会由盛转衰、乐极生悲。

即使是正常的欲望也要注意节制,把握好"度"。什么事都要有度,失去了度,事物就会向反面转化。"欲而不知止,失其所以欲;有而不知足,失其所以有"。一个人没有节制、不懂取舍,必然陷入物欲泥淖,失去现在拥有的。适度为利,失度成害。对个人欲望的控制,其实是对欲望的度正确把握的过程。隋朝大儒王通说:"大智知止,小智惟谋。"要用度的观念管理欲望。

知止是为自己设定一个为人处世的界限,在获取的过程中,能适可而止、见好就收。想问题办事情,把握好度是关键。关心收入,但不干净的钱一分也不能要;有点爱好,但玩物丧志就不可取；有人情味，但假公济私就做不得。欲望如野马，给欲望戴上缰绳，给行为划上边界，才能进退有据、知足知止、适可而止。

为官者也是活生生的人，身处纷繁复杂的社会，面对各种各样的诱惑，这带来了挑战与压力，也是对自身的考验和锻炼。每一次取舍，每一次选择，其实也在考验德行，净化心灵，增强免疫力。修剪过度的欲望，让理智战胜贪欲，既是管理和控制欲望的过程，也是提升和完善自我的过程。

二、官瘾要不得

人在仕途，上进心强些，希望在职务上有所进步，是人之常情。但是，如果权力欲过于强烈，官瘾太大，那就不是什么好事，迟早会出事。

官瘾十足的人一旦当上了领导，就处处以"官"自居，热衷于被追捧，热衷于做官，满足于做官，陶醉于做官。他们把有权、有钱、有势力，能够为所欲为、折腾别人，流连灯红酒绿、声色犬马，当成一种待遇，当成一种成功，当成一种享受。走到哪里都前呼后拥，颐指气使，派头了得，举手投足之间，官气、官腔、官威、官样十足，把官做得圆滑，做得有滋有味，做得舒服安逸。

这些人官瘾很大，其思想根源是把做官升官当作飞黄腾达的途径，把仕途升迁看作人生最高的价值追求，认为官位越高、权力越大，人生的价值就越大，认为当官能高高在上、享受特权，认为当官可以光宗耀祖、衣锦还乡，认为当官可以以权谋私、中饱私囊，存有"当官发财"的官财心理，把"乌纱帽"看成通向私欲天堂的敲门砖。在他们眼里，一个人一生，只要有了官位，便有了一切；没有官位，便没有一切。如此以官为贵，对官位权力就会过于执着、过于迷恋，一门心思只想做官。

中国有着两千多年的皇权专制史，"官本位"思想根深蒂固。在古代封建社会，人们把"金榜题名""学而优则仕""学成文武艺，货于帝王家"作为人生的理想和追求。而这种"官本位"的封建残余思想，现在在一些人心目中仍然有市场。一些干部日思夜想、孜孜以求跑官要官，视当官和权力如生命一样珍贵，为了能当官，什么样的丑事都做得出来。而且，一旦当了官就不想下来了，一旦有点权就以权谋私、以权弄事。

做官一旦上瘾，往往只能上不能下、只能大不能小、只能当官不能为民，一切服从于做官和升官，为了保官、升官、做大官，一些人绞尽脑汁、苦心经营、想方设法，出现了求官、跑官、要官和买官等丑恶现象。

有的人刚任职，屁股还没坐热，就急于"走人""活动""升迁"，"两年不提拔，心里有想法；三年不挪动，就想去活动"。他们能力水平一般，却嫌组织给自己的平台不够高、舞台不够大，总觉得自己的官职太小，瞄着更重要的岗位不放。有的人步步为营，精心设计升迁路线图、设定提拔时间表，稍微与预期不符，就牢骚满腹，优哉游哉混日子。

有的人眼睛只盯住位子干工作，不盯着问题抓工作，只求快速升迁，不愿踏实苦干，有名有利则干，没有好处就不干。有的人为了快出政绩，热衷于搞形象工程、政绩工程，甚至不惜欺上瞒下，给政绩镶边涂金，给成绩包装注水，想通过假政绩、假数据来谋官，结果弄出一堆"烂尾项目"和"豆腐渣工程"，还得让继任者帮着收拾烂摊子。

有的人信奉"能力不如关系""做对事不如跟对人""后台要硬、关系要多";有的人趋炎附势,甘做"家臣""伙计"和"马仔",整天削尖脑袋找靠山、攀高枝、抱大腿、进圈子,整天想尽办法拉关系、找门路、拜码头;有的人企图架"天线",搞"勾兑",走捷径;有的人借八竿子打不着的亲戚、同学、乡友名义挖门盗洞"找关系";有的"结干亲""拜兄弟",千方百计"套关系"。

更有甚者,成天盘算着往上爬,为了实现自己的"政治理想",把权力当摇钱树,搞权力寻租、权钱交易,受贿索贿,冒着风险敛财,筹集运作资金,不惜重金跑官、买官,物欲与权欲形成恶性循环。

"官瘾"其实是一种病,从政者一旦有了官瘾,就好像被白蚁蛀过的木头,会在不知不觉中变质、腐化。如果一个人把官位看得太重、举得太高、想得太多,以"升官"为最高理想,把"往上爬"列为终极目标,势必会沽名钓誉,急功近利,变得世俗世故,会不择手段、不顾廉耻,没有底线、没有节操,丑态百出,口碑崩坏,最终走向歧途。

只想当官不干实事的人,最终很难有什么大的进步。一心谋官,就会急于求成、弄虚作假、揽功诿过、敷衍塞责,搞形式主义、做表面文章,结果既做不好工作,也出不了实绩;一心为谋官,投机钻营,吹牛拍马,行贿送礼,打理关系,费尽心机,到头来把自己搞得身心疲惫,惶惶然不能终日。很多时候,追求富贵就如同火中取栗,栗没有得到,反而害了自己。

为官从政,有进取心是对的,希望职务上升快一点,可以理

131

从政九慎

解,但官欲过盛,过分贪求,老想着"升级进档",则不可取。对待职务升迁,应当保持一颗平常心。职位本来就是有限的,一个干部能否提拔、什么时候提拔,除了要看个人的素质和条件,还要看工作需要、班子结构、职位是否空缺等。

人一旦被升官的欲望缠住,索求往往是无止境的。一首《不知足》打油诗说得好:"终日奔波只为饥,方才一饱便思衣。衣食两般皆俱足,又想娇容美貌妻。娶得美妻生下子,恨无田地少根基。买到田园多广阔,出入无船少马骑。槽头扣了骡和马,叹无官职被人欺。县丞主簿还嫌小,又要朝中挂紫衣。作了皇帝求仙术,更想登天跨鹤飞。若要世人心里足,除是南柯一梦西。"膨胀的官欲会蒙蔽人的心智,让人陷入无尽的烦恼中不能自拔。

在职务上要学会知足。"官帽"总是有限的,总会有个"头"。从政不是登高的阶梯,权力也不是索取的筹码。人生的价值不仅仅体现在官位大小上,职位升迁也不是人生唯一的选择。古人云:"今日居官受禄,当思昔日秀才时,又思日后解官时。思前则知足,思后则知慎。"知足知止,才能心怀感恩,放平心态,从容面对升迁进退。

有的人不考虑自身的条件,一门心思想当官,利用不正当手段去谋官,为了做官可以不顾一切。这种人目的不纯,即使当了官,有了权,也不会是好官。正所谓:"德不配位,必有殃灾;才不堪任,必遭其累。"若不求做人,只求做官,决成不了好官。

要立志做大事,不要立志做大官。比官职更重要的是事业,功名利禄都是过眼云烟,唯有事业长留天地间。做大官还是做大事,是人生志向的分野,决定了人生的格局,也决定了人生的结局。做官只能是载体,做事才是目的。无论大事小事,做好本职;无论大官小官，做好本职。只有将本职做好，才能实现做事与做官的有机统一。

做人是一世的，做事是永恒的，做官是一时的。官位有涯，事业无尽。做官必须做事，做事才能履责，而做人是做官、做事的基础。做人不过关，做官、做事也做不好。做人需要修身，做事需要信念，做官需要境界。只有做好了人，做官才能成为好官，做事才受人民群众欢迎。

官当得再大，终有一天要退下来。回首往事，最令人欣慰的不是当年有多大权力，而是你为老百姓干成了几件实事好事。无论处在什么岗位，只要心系群众，心无旁骛，锐意进取，奋发作为，就可以干出一番事业、造福百姓，就上不愧党、下不愧民，对得起家庭父母，对得起天地良心。

三、爱财不贪财

金钱，即货币，是价值的一般代表，可以用来购买商品。从这一意义上说，金钱便是物质财富、物质利益。

追求物质和财富，是人的天性。史学家司马迁在《史记·货殖列传》中说，"天下熙熙，皆为利来；天下攘攘，皆为利往""富者，人之情性，所不学而俱欲者也"。可见，自古以来人们就意识到，人追求财富具有合理性。

马克思认为，"人们首先必须吃、喝、住、穿，然后才能从事政治、科学、艺术、宗教等等"，"一个民族或一个时代的一定的经济发展阶段，便构成基础，人们的国家设施、法的观点、艺术以至宗教观念,就是从这个基础上发展起来的"。这也说明,人们对财富自觉或不自觉的追求,是推动整个社会发展的原动力。

诚然,对普通的人来说,金钱是物质生活所必需的,吃、穿、住、用、行,哪一样没有钱都不行。说不需要金钱,那是假话。在现代社会,要生存、生活、发展,必须努力去挣钱,把生计问题、上学问题、看病问题解决好。有了充裕的金钱,人们才敢花钱,才能穿戴时尚,买房买车,外出旅游,享受别人提供的服务。

然而,仔细想想,金钱并不是人生唯一目的和全部内容,除此之外,还有亲情、友爱、奉献和创造。平凡的人,只是为了满足基本生活的需要,把金钱看得比较重要罢了。如果一个人过分追求金钱,便会对金钱产生一些不同于常人的看法和态度。纵观人类文明史,不论在哪个历史时期,不论在哪种社会制度中,过分热衷于追求金钱的人却有很多。

对金钱的态度体现人的精神境界。金钱是一面镜子,从对待金钱的态度可以看出一个人的品行高低;金钱是一块试金石,可以测试出一个人的清廉与贪婪。金钱,作为充当一般等价物的特殊商品,本没有真、善、美、假、恶等秉性,而在不同人的眼中却衍生出不同的含义,这种差异源自不同人的修养品位。

成功不等于拥有大量金钱,金钱买不来幸福。对金钱的态度体现着人的价值观和人生观,也折射出人的思想境界,决定着人的奋斗方向。金钱能体现价值,但价值不仅仅体现在金钱上。人挣钱是为了更好地生活,但更好地生活绝不是为了钱。钱只是人们生存和生活的物质基础,绝不是幸福和快乐的本意。正如作家梭罗所言:"多余的财富只能购买多余的东西。"钱就是这样,越多就越和个人生活没有关系。成功总在创造中,金钱只是财富创造的一种,人类

第六章 慎欲

一旦失去了对真诚、善良和美好的追寻，金钱与成功都将失去本质的意义，更无幸福可言。

金钱的本质属性是充当等价物的交易媒介、储藏和记账工具，本身无所谓脏或净，并无罪恶。但是，如果金钱傍上权力，就不再是单纯的货币，而沦为腐败的载体。钱财是生活的必要条件，柴米油盐酱醋茶，哪一件也离不开钱。但这钱应是自己劳动所得，不能是不义之财。为官者如果沾染拜金主义，奉行"千里做官只为财"的人生信条，抱着"升官不发财，请我都不来；当官不收钱，退了没本钱"的心理，渴求金钱财富，挖空心思捞钱，铤而走险贪污受贿，追逐私利不能自拔，就会最终走向歧路、走上绝路。

古人说，"高飞之鸟，死于美食；深潭之鱼，亡于芳饵。"对金钱财富的贪求会使人跌入深渊。老子断言，"多藏必厚亡"，过多地聚敛财富反而会招致严重的丧失。"金玉满堂，莫之能守。富贵而骄，自遗其咎。"金银财宝堆满库屋，没有人能守得住。富贵而骄奢淫逸，就会自食恶果。"知足者富"，贪婪者必自毁。

官员也是人，也要与钱打交道。而且，官员作为一定范围内公共权力与公共资源的掌握者和分配者，可以直接或间接地掌握和接触到巨额金钱，更应当树立和坚持正确的金钱观，以正确的态度对待金钱，爱财而不贪财，做金钱的主人，不让铜臭腐蚀灵魂，确保自身的廉洁。

"当官即不许发财"，这是当年爱国将领吉鸿昌警示自己和部属的"碗铭"。为官发财，应当两道，划清"当官"与"发财"的界限。每个人都有选择职业的自由，可以选择从政，也可以选择经商，但不能选择通过从政来发不义之财。当官即不许发财，这是权力的性质决定的，也是职业要求所决定的，应当成为从政者恪守的底线。

领导者在工作、生活中自然也离不开钱。"君子爱财，取之有道"。对当代从政者来说，要适应市场经济条件下的新形势，做到为政清廉，爱钱不贪钱，不为金钱所动，应注意三个方面。

谈钱不乱心。领导干部是人民的公仆，必须坚持立党为公，执政为民，在其位谋其政，正确对待权力和金钱，见钱不眼开，谈钱不乱心，明确自己的职责，不为金钱所左右，不因看到有人赚钱发财而眼红心动、自乱方寸，要始终耐得住寂寞，清廉自守。有位古代政治家曾与官员谈论薪俸问题，他劝诫说，官俸虽不丰厚，但像井底之泉，可以天天汲水，不会干涸，因此要老老实实地过日子，不要贪图非分之财。自古以来，因敛财而断送前程性命的官员历朝历代都有。近些年查处的一些贪官，在心灵被金钱扭曲之后，见钱眼开，到头来落得个可悲下场。人不会把金钱带入坟墓，但金钱却能把人送入坟墓。明白了这些道理，从政者更应该懂得，人生最可贵的是什么，应该追求的是什么。

见钱不贪婪。领导者与金钱接触的机会很多。比如，在工程建设、企业重组、招商引资、项目审批等过程中，就会有一些商人想投机取巧，送礼行贿，以牟取暴利；在干部选拔中，有些人为了获得提拔也会送礼行贿。面对这些，为官者要树牢正确的义利观，拧紧思想的阀门，提高自律的标准，在钱财诱惑面前保持定力，切不可见钱贪婪，不该拿的钱应坚决拒之。与商人打交道，要做到既"亲"又"清"，有交集但无交换，有交往但无交易。切记不能眼里只有"金黄银白"。拿了来路不正的钱不会有好的结果，心存侥幸、偶一为之，最后必然导致溃堤之危，逃不出法律的严惩，悔之晚矣。

有钱不奢侈。奢侈往往与金钱有关。因为奢侈，抵挡不住灯红酒绿的诱惑，追求腐朽糜烂的生活；因为奢侈，生活消费高，花费大，势必会损公肥私、损人利己；因为奢侈，渐失本质，最终蜕化变质。司马光说："言有德者皆由俭来也。夫俭则寡欲，君子寡欲，则不役于物，可以直道而行；小人寡欲，则能谨身节用，远罪丰家。故曰：'俭，德之共也。'"从政者应有艰苦奋斗的品格，不戚戚于贫贱，不汲汲于富贵，以俭为本，以俭防奢，以俭治奢，即使随着经济的发展，物质条件改善了，也要力戒奢侈，把钱用到最应该用的地方去，用到最需要的地方去。钱是个人的，资源是全社会的。要坚决反对拜金主义及其所衍生的贪图享受、享乐至上等错误思想，保持勤俭的生活作风，始终做到艰苦奋斗、俭朴生活。

英国作家亨利·菲尔丁说："如果你把金钱当成上帝，它便会像魔鬼一样折磨你。"在市场经济条件下，从政者只有不为金钱所动，不为金钱所惑，淡泊金钱、物欲，远离不义之财，始终保持健康正常的心态，知足常乐，才能顶得住诱惑，抗得住腐蚀，才能真正守住一方清廉净土，始终保持一身正气、两袖清风。

四、莫让嗜好成祸端

个人嗜好，人皆有之。没有爱好，似乎也不见得是好事，张岱说过："人无癖不可与交，以其无深情也；人无疵不可与交，以其无真气也。"有爱好的人生才是有情趣、有质量的人生。

积极健康的业余爱好，可以放松心情、调剂生活、涵养心灵，有助于陶冶性情、丰富个人生活。在日常生活中，有许多健康高雅的情趣爱好可供选择。比如，以读书为乐，以书为伴，好学不倦；以书画为乐，泼墨挥毫，吟诗作画；以锻炼为乐，打球打拳，游泳散步；以音乐为乐，纵情放歌，以歌会友；以盆栽为乐，栽花弄草，美化生活。

然而，事物都有双面性。官员的情趣爱好可以折射出一个人的文化品位、道德水准甚至政治风采，是人生境界、行为方式和精神风貌等诸多方面在日常生活中的集中表现。崇尚什么样的生活方式和精神追求，直接反映在一个人的情趣爱好上，影响着他的人生抉择和事业发展。一般来说，那些贪图安逸、沉湎酒色、留恋牌桌的官员，很难在事业上有积极向上的态度和责任感，很难有全心全意为人民服务的理想追求，往往因其消极颓废、追求享乐的人生态度而丧失为人的道德底线，坠入腐化堕落的深渊。

爱好绝不只是个人的生活小节，绝非一己私事那么简单，往往是"牵一发而动全身"。爱之有道、好之有度，对于怡养性情、心理健康确实是有好处的；爱之无节、好之无度，则往往会成为腐败的诱因，成为人生的陷阱。可以说，官员的兴趣爱好事关重大。

事关导向。"上有所好，下必甚焉"，"城中好高髻，四方高一尺"。这些古老的说法，形象地道出了上位者的兴趣爱好对下位者的导向作用。官员是公众人物，从某种意义上说，官员的一言一行、一举一动都具有示范和辐射效应，其生活情趣会影响整个社会的风气和广大群众的价值取向。

事关廉洁。如果不正确、不慎重地对待自己的爱好，就可能被别人投其所好，成为不法之徒打开腐蚀之门的缺口，最终成为自己爱好的俘虏。官员手中握有能给人带来利益的权力，难免就会有人打他们的主意。而别有用心的人"围猎"官员，一般是从兴趣爱好上打开突破口的。因行贿被判刑的赖昌星有一句"名言":"不怕领导讲原则,就怕领导没爱好。"被他"围猎"的一大批官员中,哪一个不是有这样或那样的"嗜好"呢?你嗜财,他就投之金钱;你嗜酒,他就投之佳酿;你嗜色,他就投之粉黛……就这样,他以票子、美色、字画等为诱饵,使一个个高官成为他谋私的工具。

社会上有一些人,由于受不良风气和"潜规则"的影响,为了好办事、快办事、办成事,常常不走正道走邪道,专门研究、掌握官员的弱点、嗜好以及心理需求,经常挖空心思揣摩领导的爱好。领导者一旦认识上缺位,思想上放松,行为上失控,就很可能在"爱好"这一关失守,被别有用心的人俘获。这样的例子不胜枚举。

厦门海关原副关长兼缉私局局长接培勇,是个爱好书画的"风雅之人",开始并不买不法商人赖昌星的账,赖昌星了解其爱好后,花重金邀请国内九位知名书画家联合创作一幅《牡丹图》送给他,终于一步一步把接培勇拉下水。

贪腐官员都有一个共同点,那就是"好"而无度。凡是人,皆有爱好。但每个人的爱好都要有个合理的度,特别是手里有一定权力的人,自己的爱好更要谨慎些,尤其是在金钱和美色方面,更是要隐秘些为好。否则,"爱"而不当,"好"而无度,被人利用,就可能为"爱"所累,为"好"所害。事实证明,如果处理不好权力与爱好的关系,"爱"而不节制、"好"而不慎待,必然陷入物欲泥淖,走上不归之途。

为官者的爱好不是简单的个人小事。在个人情趣爱好的追求上,一定要清醒认识,正确把握,爱之得当,好之有度,注重培养健康的生活情趣,保持高尚的精神追求,不让兴趣爱好与权力勾连。

一是选择得当。领导者涵养情趣爱好，应当区分情趣爱好的雅与俗，追求高雅，舍弃低俗，用崇高的理想追求引领情趣爱好，用高尚的道德约束情趣爱好，用党纪国法规范情趣爱好，培养兴趣特长，以健康向上的文体活动、文明高尚的业余生活充实精神世界，磨砺坚强意志，从而在兴趣爱好中培养优秀的品格。兴趣爱好应有选择，不是什么兴趣爱好都可以有、什么地方都可以去，应当把兴趣爱好与修身养性结合起来，对有利于身心修养的则育之，不利于身心修养的则弃之。许多人到了中年以后，往往都会面临这样的状况：职务越来越高、责任越来越大、各种应酬越来越多，与此同时年龄越来越大，精力一日不如一日。因此，应该选择有利于身体健康的业余爱好，使自己拥有强健的体魄、充沛的精力，这是做好本职工作的重要基础条件。

二是把握好度。既然是业余爱好，就不能把爱好当作生活和工作的全部。为官者应把主要精力用在工作上，用在为人民掌好权、用好权上；摆正个人爱好与工作的关系，分清时间、地点和场合，不能因爱好贻误工作。如果沉迷于个人的兴趣爱好，不务正业，那就很可能造成工作上的失职、渎职，危害群众的利益，同时自己也要承担责任，可谓害人害己。个人的兴趣爱好，只能用来丰富业余生活，调节因工作造成的紧张情绪，一定要分清主次，切不可耽于玩乐、玩物丧志。苏轼在其《宝绘堂记》中有言："君子可以寓意于物，而不可以留意于物。"古往今来，从一般官员到皇帝，不乏因沉迷于个人的兴趣爱好而荒废政事，导致丢官丢江山的教训。因此，要做到有节有度、低调行之、好而不贪，始终不沉迷，不成癖，不痴狂。

三是给爱好装上"防火墙"。官员当然不是要做少情寡趣之人。官员有一定的权力和影响力，少不了要与各色人等打交道，这就需要树立坚定的政治立场，纯洁交际圈，做到交往讲原则、讲品味，要划清职务行为与业余爱好的界限。许多业余爱好不是独自一人进行的，往往不可避免地会使身边产生一些棋友、画友等。如果这纯粹是共同的爱好结成的友谊，就是志趣相投的同好。对那些"项庄舞剑，意在沛公""醉翁之意不在酒"的人要有足够的警惕，一旦察觉其意图，宁可及早拉开距离。古人云，近君子，远小人。就是这个道理。

据《清朝野史大观》记载：清道光年间，刑部大臣冯志圻酷爱碑帖书画。但他从不在人前提及此好，赴外地巡视更是三缄其口，不吐露丝毫嗜好心迹，以防斗筲之人投其所好。一次有位下属献给他一本宋拓碑帖，冯志圻原封不动退回，有人劝他打开看看无妨。冯志圻说，这种古物乃稀世珍宝，我一旦打开，就可能爱不释手，不打开，还可想象它是赝品。"封其心眼，断其诱惑，怎奈我何？"冯志圻谨防有人投其所好和狙击欲望的做法在今天仍有借鉴意义。

古人把嗜好称为"祸媒"，并以"好船者溺，好骑者堕，君子各以所好为祸"警戒世人。作为从政者，一定要认真对待、正确把握、审慎选择兴趣爱好，"爱"之得当，"好"之有道，管住自己的爱好，谨防小嗜好酿成大灾祸。

五、诱人美色不可贪

人食五谷杂粮，皆有七情六欲。官员也是人，也有七情六欲，这很正常。但是，如果不能把握好度，贪恋美色，沉湎美色，势必淫逸无度，意志萎靡，心思涣散，终将误人、误事、误己。

　　酒不醉人人自醉，色不迷人人自迷。面对各种诱惑不可怕，可怕的是思想上毫无准备，抵御不住诱惑。官员手中或多或少掌握着党和人民赋予的权力，因而常常成为一些别有用心者的"围猎"目标，面对的金钱、美色等诱惑也比较多，如果把持不住自己，对骄奢淫逸的生活顶礼膜拜，很容易走上歧途。

　　少数人经不起灯红酒绿的诱惑与考验，沉湎于声色犬马之中，个别人甚至置党纪国法于不顾，金屋藏娇，花天酒地，一掷千金。从美色与贪官的关系和相互作用来看，大体有几种类型：以色谋权、色助官贪、贪钱买色、色相贿赂等。

　　贪欲一旦滋生，就像一条贪吃的蛇，一切都是它吞噬的对象，且吞噬得越多，越是饥渴得慌，越是无休无止无厌。贪官有了挥霍不尽的钱，自然要找寻消费出路，不愿也不会让钱白白躺着。于是正好应了"饱暖思淫欲"的古语，在物质上得到了极大的满足之后，贪官肮脏的灵魂便蠢蠢欲动，将魔爪伸向了女色。再加上一些女人又看中了贪官的权与势，两者一拍即合，一发而不可收。

　　而贪官一旦与贪色有染，就必然会助长和加剧腐败的升级和膨胀，从而在贪财并贪色，贪色更加贪财的恶性循环中跌入深渊。

　　情妇跟贪官走到一起，前者为的是官员的权，看中的是一个"钱"字，后者为的是一个"色"字，他们之间的关系是建立在一种滥用权力、谋取钱财的基础上的。从经济上讲，包养情妇，不是官员自己能承受得起的。不拿原则、权力和金钱等做交换，是不可能抱得美人归的。而正是有了情妇吹的"枕边风"，贪官在前方受贿才更加肆无忌惮，最终走上了不归路。"为色而贪"已成为腐败官员犯罪的主要动力之一，他们为了情妇大肆敛财，将手中权力发挥到极致，演绎了一幕幕利用职权换色、买色、养色的丑剧。

但是，这种靠金钱维系的所谓情人关系，毕竟经不起风浪的考验，一旦双方在利益上发生分歧，往往会反目成仇，很多贪官的情妇成了贪官的"掘墓人"。

不管是"以色谋权"还是"以权谋色"，其本质都是一样的，都是不受约束的权力带来的可耻衍生品。假如权力真正被关进了笼子，权便无法谋色，色当然也无法谋权。权、钱、色，原本就容易成为三位一体的共生体，某些贪官暴露和落马的路径是"色—钱—权"，而解决问题却应当倒过来，先要管住为所欲为的"权"，方能釜底抽薪，减少权色交易、权钱交易的发生。

权能换色，权能生钱，钱能生色；色胆包天，欲望无边。但是，权力一旦与金钱、美色为伍，其祸莫大焉。领导干部如果不严格要求自己，最终必将沦为情欲的囚徒。"色"字头上一把刀，为了满足自己的私欲，而彻底地毁掉自己的政治生命，彻底地葬送掉自己的美好前程是不可取的，二者孰轻孰重，领导干部应静下心来细算这笔账。

古人对"色"的态度是很讲辩证法的，他们一方面承认凡人都有情欲，"食色，性也"，也就是说食与色是人与生俱来的天性；另一方面又告诫人们："酒色便佞，乱德之甚也，不可以不戒。"

追求奢靡生活的危害，古人早有深刻认识。《尚书》记录了三千多年前大禹说的话："训有之，内作色荒，外作禽荒。甘酒嗜音，峻宇雕墙。有一于此，未或不亡。"意思是说：女色，游猎，嗜酒，歌舞，豪宅，只要沉迷于其中任何一项，就会涉及生死存亡的问题。大禹已经把"女色"放到首要的位置了。孔子曾告诫弟子："血气未定，戒之在色。"贪恋美色，就像从刀口上舔蜜，迷惘众生只知蜂蜜很甜，却不知刀口锋利，有割舌之患。明代文学家冯梦龙在《警世通言》中奉劝人们："酒是烧身硝焰，色为割肉钢刀。"这些言简意赅、脍炙人口的格言警句，无论是男领导还是女领导，都须牢记，切莫身陷"玫瑰陷阱"，招致灭顶之灾。

色欲与贪欲，是人性中最难以抵制的两种诱惑。人是有理智的高级动物，应该有能力管好自然本能。在美色面前，必须时刻保持清醒的头脑，自警自律，不放纵情欲，不贪恋美色，不断加强自己的品格修养、道德锤炼、情趣提升，坚决拒绝美色的诱惑。

情趣要高。理想信念决定生活情趣，有什么样的理想信念，就有什么样的生活情趣。培养健康高尚的生活情趣，就要树立正确的世界观、人生观、价值观，用全心全意为人民服务的根本宗旨指导个人情趣，用家庭美德和个人品德约束自己的生活情趣，不断完善自我人格，提升自己的精神境界。要注意提升兴趣爱好的品味，不断提高生活质量，养成良好的生活习惯，培育优雅的品格，保持兴趣爱好的单纯性，做到忙有成果，闲有情趣，玩有格调。如此，才能保持思想作风的纯净和精神生活的高尚，才不会去做苟且之事，才能自觉抵御美色的诱惑。

头脑要清。始终保持清醒的头脑，清楚哪些事可做，哪些事不可做，而且要态度坚决、信念坚定。世界上没有无缘无故的爱，也没有免费的午餐，这个道理一定要明白。始终保持清醒的头脑，关键是管住自己的心。只有真正管住心，做到心平如镜，方能战胜各种诱惑。一个人之所以能够把握住自己，就在于他们心静神定，谨小慎微，以不沉醉于金钱、美色、权力为戒；而凡是沉迷于声色犬马者，没有不玩物丧志、身败名裂的。为官者应高度重视加强自身的道德修养，练好"内功"，自觉抵制金钱美色的诱惑。

自律要严。人在独处时，在没有监督和无人约束的情形之下，权、钱、色等欲念最容易萌生。所以，个人独处时要小心谨慎，这是检验一个人道德境界的重要标准。面对诱惑，领导干部应百倍小心。面对色诱，正是"生死一闪念"的关键之时、关键之处，心中要有一个"慎"字，做到有人知道与无人知道一个样，有人管和无人管一个样，有人监督与无人监督一个样，在任何时候、任何情况下都能把握自己，战胜物欲，遇情不滥，见色不迷，做到洁身自好。

事业心要强。一个人有了强烈的事业心，才能坚持勤政廉政，时刻牢记肩上的重任，把精力和情感倾注在自己的事业和工作岗位上；才能做到聚精会神抓落实，一心一意谋发展，以求实为本，以落实为责；才能做到勤于思考，勤于学习，创造性地开展工作，兢兢业业地创造一流的业绩。如果坚持事业为重，全身心扑在事业上，千方百计谋事业，成天忙于自己的工作，也就没有兴趣、时间和精力去沉溺于美色了。

第七章

慎 情

人之有爱,本由亲立;推而及物,自有等级。

慎情，就是要慎重地对待自己的情感，用理性驾驭自己的情感，保持情感的平和适中，不随意流露感情，更不能感情用事。要慎亲情，管好配偶子女，不为亲情营私，不让亲情错位；要慎友情，择善而交，多交学业相长、品行相砥、志同道合的良友、益友；要慎人情，不用公权报私恩，不为人情所累，妥善处理情感与工作、情感与权力、情感与法纪的关系，把情主要用在事业和为民服务上，防止为情所累、为情所困、为情所误。

一、学会控制情感

情感是维系人类社会和谐发展不可缺少的基础，直接影响人们的思维和行为。心理学研究表明，"情感"与"认知""意志"一样，都是人类最基本的心理活动。

《汉书·董仲舒传》中说，"情者，人之欲也"。依据心理学家弗洛伊德的理论，"情"属于"本我"的层次，是人的本能。

朱熹认为，"人之有爱，本由亲立；推而及物，自有等级"。讲感情是人之常情。人没有了情感，社会就失去了温暖，人就失去了友情、亲情、爱情，社会也就失去了和谐。

人的情感是复杂的，有健康的，也有病态的；有高尚的，也有卑俗的；有美好的，也有丑恶的。美好的感情可以催人奋进、增进团结、激发创造；丑恶的情感则会让人卑劣、异化。情感的用法不同，结果也不同。把情感用在正处，就会有事业的成功、家庭的幸福、朋友的欢乐、环境的和谐；而恣意纵情，错用情感，就会伤人伤己。

不受控制的情感犹如洪水猛兽，容易泛滥成灾。因此，情感需要管理，需用理智支配情感，用理智为情感修筑防洪坝，避免情感的失控。

领导者也是人，也食人间烟火，也有喜怒哀乐，同样会动感情，对亲人怀有深情。但是，由于领导者手握公权力、掌握公共资源，常常要面对名、利、色等多种诱惑，或者应对某种突发事件，这就更需要保持清醒的头脑，慎重地对待感情，以理智驾驭感情，不困于情，不滥用情，不徇私情，过好"情"这一关。

领导者主要是管理人或服务人的，每天都要与人打交道。一个成功的领导者，必须会团结人。领导者讲感情，才能更好地凝聚人心、鼓舞斗志、战胜困难、获得成功，促进事业的发展。领导者要讲感情，但也要讲道义、讲原则，让自己的感情在健康的、合乎道义的轨道内运行。

一个领导者影响力的大小会受到情商高低的影响。情商高的领导者，其人格魅力往往也强大；情商低的领导者，哪怕智商很高，其人格魅力也往往是低下的。只有高尚的情感，才能鼓舞人、激励人。很难想象，一个唯我独尊、情感冷漠、心理黑暗和有情感表达障碍的人，会成为一个充满魅力的领导者；也很难想象，一个人际关系都处理不好的人能当好领导。一个领导者的成功，80%来自丰富的情感、良好的人际关系和处世能力等。

领导者要善于控制和运用感情。感情处理得好，就如陈年的酒，醇香浓郁，能助推情谊、发展事业；感情处理不当，就如脱缰的野马，会误事伤人，得不偿失。领导者要注意提高对情感的自我认知和管理能力，有意识、有目的地调整自己的情感，把握自己的情感，约束自己的情感，让情感始终处于丰富、适中而理性的状态。

正确控制自己的情感，使自己举止得体，保持良好的形象，是领导者赢得群众信赖和支持的需要，也是领导者必须具备的一种素质。

控制情感，就要做到情感和理性相统一，不能感情用事。情感能激发人的心理活动和行为动机，是心理活动的组织者，也是人际交流互动的重要基础。理性是指按照事物发展的规律和自然进化原则来处理问题的态度，不冲动，不凭感觉做事情。情感与理智既相互作用又相互排斥。有了情感，便增强了理性的感染力，有了理性，则会净化和升华情感。人只有在情感和理性达到有机统一时，才能让自己的精神世界处于平衡状态。拥有情感和常怀理性都是领导者应有的良好素质。

感情冲动是理性思维的大敌，做工作激情固然重要，但理性更不可少。倘若缺乏理性，就会导致头脑发热，不顾实际，贪大求功，盲目蛮干；或违背客观规律一味地追求所谓的大跨越、高速度，对经济社会发展和重大建设项目轻率决策；或遇到一时的困难和挫折就怨天尤人；或畏首畏尾，遇到困难绕道行，推诿扯皮，局面打不开，工作无起色。

情感是油门，理性是刹车。领导者既要有激情又要有理性，要在激情与理性之间找到一个平衡点，用理智驾驭情感，找到一种对待事业积极的心态，积极稳妥地做好工作，不因一时的冲动而胡乱行事。

控制情感，就要妥善处理人情与工作的关系，防止人情成为梗阻。领导者要有效地推动工作，抓好落实，需要同事支持和下属执行，因此，领导者要有亲和力，善于团结人。有人情味的领导，更容易让部属亲近，更容易得到部属的信任和拥戴。领导者在开展工作过程中，要善于运用情感效应，凝聚更多的人心。

"感人心者，莫先乎情"。情感可以使人产生一种无形的气质和有生的力量，只有真正关心他人，才能赢得他人的尊重、帮助与协作。领导要把部属当作自己的亲密战友和同志，尊重部属的人格和权利，容忍部属的缺点，切实关心部属的切身利益，在工作和生活中做到以理服人，以情感人，以爱动人。平时要多发现部属的长处，多想想别人的难处，多讲暖人心的话，多做得人心的事，真心实意地关心爱护部属。这样，领导的人格魅力才能不断增强。

尤其在做决策的时候，要做到理性冷静，不感情用事，不把个人私情带到工作中去，以避免重大失误。要牢固树立正确的人情观，审慎对待自己的情感，不为人情所扰，不为亲情所困，不为友情所累，绝不用感情代替理性，不用私利代表政策，以免损害大局利益。

领导者要以健全的心智、丰富的阅历、良好的悟性和游刃有余的交际能力处理人情关系，既能在人情往来中树立重感情、讲诚信的形象，又能严守原则、正义和法纪底线，善于把握人情的范围、力度、频率、可行性。自己不在人情上追逐非分之利，也要劝诫别人不要寄希望通过自己达到非分之想。凡事既要讲情又要讲理，不为人情伤害公理，不为义气冲动陷入人情困境，既有原则性又有灵活性，促进工作的顺利开展。

控制情感，就要处理好情感与权力的关系，不以权谋私。中国传统文化注重人情，长辈、师长间有培育之情；父母、兄弟、子女间有血缘之情；同事、部属、学友间有亲近之情。官员也是人，也会讲感情，不能六亲不认。但讲感情不能感情用事，不能有偏爱，不能自私、狭隘，不能用公权为个人、家族、小圈子谋取私利。当人情异化为私情，感情代替原则，违法乱纪的悲剧就难免发生。

权力与人情的关系表现的是公与私的关系。权力姓"公"，不姓"私"。从政者要充分认清自己手中的权力是党和人民赋予的，只能用来为人民服务，绝不能把权力作为个人和亲属子女谋私的资本和工具。如果为了所谓的个人感情，让感情左右了原则，难免用权不当或违规用权，做出有违原则、纪律、规矩或道义的事情来。

亲情、友情再深亦有界，这个"界"就是公权不能私用，讲亲情不能错位，重友情不能变味。任何时候任何情况下，都要划清公私界限，公私分明，不徇私情，不用公权力来为亲友谋利，不利用自己的职权或职务谋取不正当利益，防止为情所累、为情所伤、为情所误。

控制情感，就要处理好情感与法纪的关系，不因情违法。情与法是权力与人情关系的另一种表现形式，情是人与人之间的情感，法是底线，是原则，是每个人都必须遵守的规矩和规范。我们讲感情、重人情，但不能违法违纪，不能破了规矩、失了规范。

领导者面对事情时，先要从规则与法律角度考量合规与违规、合法与非法的界限，依照合法程序办事。当情与法发生冲突时，必须把情放在一边，把法放在首位，做到讲法纪不讲私情，讲原则不讲关系，讲道理不讲面子，绝不能以情代法，更不能因情违法。

当法律规范与个人欲望发生矛盾的时候，要恪守法纪的要求，自觉弱化、转换、调整或放弃某些个人需求或偏好，调节自己的心态和意愿。要正确处理法律与人情的关系，不能徇情枉法，不能将人情作为办事的筹码，拿人情做交易；不能将人情置于规矩或法律之上，使规矩或法律让路于人情，为人情乱开"绿灯"，让自己落入人情"陷阱"。

人不可无情，但情感只有在责任和理智的约束下才不至于迷乱。从政者要善于认识情感、控制情感和运用情感，千万不要做情感的奴隶。

二、过好亲情关

家庭关系是人类社会中最重要的社会关系之一，从来没有其他社会关系能如此深刻地影响人们的生活方式和生存环境。领导者与家庭成员共同生活、朝夕相处，思维、情感和行为必然互相影响、互相作用。

"无情未必真豪杰，怜子如何不丈夫。"讲感情、重亲情乃人之常情，也是人类这个大家庭繁衍生息必不可少的纽带。但是，从政者一定要理性面对家庭亲情，关爱家人要有尺度，莫让"错爱"成"真害"。

官员不是生活在真空中,不是不食人间烟火的神仙,倘若顾及亲情处理不好公与私的关系,因公徇私,则会被亲情"绑架",被亲情裹挟着触犯党纪国法,留下人生败笔。一些居心不良者往往是从官员家庭成员中打开缺口,并通过这些家庭成员再去打通官员的"关节"。可见,领导者能否经得起亲情的考验,是能否保持人生正确航向的关键。

由于领导者手中掌握着许多常人不具备的权力,因此,如果不能始终以清廉的原则把好亲情关,就很容易利用权力谋取私利,最终酿成大祸。亲情是人世间最美好的感情,谁没有舐犊之情、手足之情?人尽管职业不同,但对亲情的表达方式没有本质的区别,不同的是有些人多了"权力"相伴,于是也就有了过"亲情关"的问题。

树立正确的亲情观。"人非草木,孰能无情?"为官者也是人,同样有丰富的情感。关爱家庭、关爱家人,本是人之本性。然而,面对亲情,怎样关爱,却值得每一位从政者深思。

如果将关爱当成"宠爱",甚至当成"宠溺",当亲情的"私"突破法纪的"公",原本柔软的亲情就扭曲成坚硬的牢笼,从"父子上阵""夫妻搭档",到"兄弟联手",再到"对配偶子女失管失教","全家腐"导致"全家覆",一旦纵容亲属和贪腐沾上边,全家就会与幸福安宁渐行渐远,就会成为亲情之殇。

人之有爱,本由亲立,重亲情无可厚非。但有少数人正是在"官本位"思想的驱使下,世界观、人生观和价值观发生了蜕变,把亲情当成以权谋私的理由,变成权钱交易的幌子,大搞"一人得道,鸡犬升天",利用手中的权力为自己和配偶子女大捞好处,最终落得个自毁家毁的可悲下场。

第七章 慎情

坚持清廉从政，不仅要管好自己，还要管好所有亲属，教育亲属子女当好社会的普通一员，拥有良好的品行，提高自立自强的能力，这才是对他们最大的关爱，也是造福家庭、有益社会之举。若让亲属子女搞特殊化，甚至为他们谋"官路""财路"，虽能得势一时，却不能帮他们一世，如果采用非法手段，还将酿成大祸，不但葬送了自己的政治前途，也将毁了整个家庭的幸福和安宁。这种所谓的"亲情关爱"，其实是地地道道的"亲手加害"。实际上，领导者的"不近人情"是对家人的关心和爱护，是对他们成长的真切关怀。

只有奉行公权姓"公"、不徇私情，才能有大义大德的胸怀气度。如果领导者能自觉划清亲情与权力的界限，不在亲情面前放弃原则，做到对亲属不开"口子"，不破"例子"、不顾"面子"、对身边人不留"空子"，对歪风邪气敢撕破脸皮，秉公办事，依法行政，做到情不越法、情不越规、情不越德，做到"不党父兄、不偏富贵、不嬖颜色"，就不会被亲情所累。

对子女要爱之有道。古人云："君子之爱人也以德，细人之爱人也以姑息。"对于子女，要注重培养他们优秀的人品、涵养和坚忍不拔的意志，一味宠爱、娇纵，只会诱导他们误入歧途，走上歪门邪道。"我爸是某某"的蛮横无理，"有钱就有一切"的利令智昏，正说明了什么是"子不教，父之过"，什么是用权不当祸及子孙。对于子女、亲属提出的不合理、不合法要求，要坚决抵制，不能受他们的牵制。这不仅是家庭问题，更是领导干部应负的重大责任。

"爱之不以道，适所以害之也"。不少落马官员都反思过子女问题。有些人一到高位，手中有了权力，就开始为子女"谋划"，

从政九慎

笃定"不能让孩子输在起跑线上",让手下"帮一帮",让商人"带一带"。结果,孩子仗着老子的权力,为他人办事,收受好处费,锻造了一条条利益链。最终,老子孩子双双锒铛入狱。与其说是孩子"坑爹",不如说是爹自己掘了个大坑,既害了自己,也害了孩子,这算是哪门子的爱子女?父母要成为子女成长道路上的精神依靠和现实榜样,而不是给予物质上的金山银山、无原则荫庇的政治靠山。

爱子女,是为人父母的天性。但要爱得恰当,寓爱于严。疼爱不是溺爱,宽容不是纵容,手中的重权更不应成为亲人谋利的工具。汉代"四知太守"杨震,因暮夜却金而名垂青史。他为官清廉,儿孙常常"蔬食步行"。有人劝其为后代留点财产,杨震回答:"使后世称为清白吏子孙,以此遗之,不亦厚乎?"杨震的风范与品行,成为杨家后裔效仿、遵从的典范,不少子孙都以"清白吏"享誉天下。"父母之爱子,则为之计深远"。

爱之越深,越须教之有方。明末思想家黄宗羲曾说:"爱其子而不教,犹为不爱也;教而不以善,犹为不教也。"没有立足于世的能力与水平,良田再多,也只会坐吃山空;没有为人处世的道德与准则,权力再大,也终会摔跟头。对于领导干部,守好了公与私的分隔线,吃透了严与爱的辩证法,才能让子女结益友、行善事,找准人生的航向,活出自己的精彩。

营造崇廉向善的家风。"天下之本在国,国之本在家",家是涵育民风、官风的基本单位。家风正,则作风正。从某种程度上讲,家庭是廉政建设的第一道防线,能否保持一个良好的家风,对于为官者廉洁从政至关紧要。

家庭是子女的"第一所学校",父母是子女的老师。为官者应是家庭的榜样，严于律己、以身作则，其言行对家人才有说服力和感召力，越是位高权重的官员，越要清醒自律，尤其要教育、约束自己的配偶子女。一个领导者连自己的配偶子女都管不好，束不了，何以服人治事？为官者要严格自我要求，公事私情，楚河汉界，了了分明，绝不能满不在乎甚至姑息纵容。绝不能听"枕边风"，让"贤内助"成为"贪内助"，甚至让"贪内助"升级为"全家腐"。

应当给家人多留些精神财富，教育家人依靠勤奋劳动实现人生价值。"国计已推肝胆许，家财不为子孙谋。"这是唐代诗人罗隐的两句诗，意思是为官者要献身国事，不要去为子孙谋家财。晚清重臣张之洞，官至一品，创办实业无数，但自家穷得入不敷出。他在临终遗言中对家人说："人总有一死，你们无须悲痛，我生平学术治术，所行者，不过十之四五，所幸心术则大中至正。为官四十多年，勤奋做事，不谋私利，到死，房不增一间，地不加一亩，可以无愧祖宗。望你们勿忘国恩，勿坠家风，必明君子小人之辨，勿争财产，勿入下流。"领导者应该用自己的清廉行动感染家人和亲友，带出良好的家风。

正人必先正己，治国必先治家。元代官员徐元瑞说过，"修身正家，然后可以治人；居家理，然后可以长官"。亲情再深亦应有度，个人利益再高，也不能超越国家和人民的利益，绝不能突破法律与道德的屏障。清廉是最好的亲情关爱。为了自己和家人的幸福，从政者要慎待亲情，带头树立正确的亲情观和清廉的家风，正确关爱亲人，才能清廉一辈子，幸福一家人。

三、交友须慎重

人生在世，不能没有朋友。古往今来，人们把结交善友、珍惜纯真的友谊视为身心修养的重要环节，在岁月沧桑中结交经得起考验的好朋友，堪称人生中的一大幸事。爱因斯坦说过："世间最美好的东西，莫过于有几个头脑和心地都很正直的严正的朋友。"

官员与普通人一样，也有友谊和情感，也有人情交往，也有自己的社交圈、朋友圈。一个人走上领导岗位之后，交际面会宽一些，朋友也可能会多一些。这样一来，和谁交朋友，交什么样的朋友，就显得非常重要。

由于领导者手中握有权力，岗位特殊，所以想与其交朋友的人自然就多。在复杂的社会交往中，有些人为了达到某些不可告人的目的，采取各式各样的手段，千方百计接近领导者。殊不知，他们看重的不是友情，而是领导手中的权力。因此，身为领导者，交友不可不慎，不能没有原则，否则，就会成为某些怀有不良目的的人牟取非法利益的工具，在不知不觉中被人"围猎"。

交往有损益之别。好的朋友会互相勉励，随时提醒，共同进步。交到一个好朋友，就等于多了一面镜子，多了一个参谋，多了一个同伴。成功的时候，可以和朋友共享；疑惑的时候，可以向朋友求教；困难的时候，可以得到朋友帮助。真正的朋友，同声相应，志趣相投，真诚相待。"近朱者赤，近墨者黑。"损友只会相互利用，一同堕落。诚如古人所说："与邪佞人交，如雪入墨池，虽融为水，其色愈污；与端方人处，如炭入薰炉，虽化为灰，其香不灭。"不少贪官都是被所谓的"兄弟世交"拉下水的,栽在了所谓的"知心朋友"手里。

"交友须慎,不慎招祸",对为官从政者来说,尤其如此。孟郊有诗云:"种树须择地,恶土变木根。结交若失人,中道生谤言。"交友受益,前提是交往正常、健康。那种虚于应酬、空耗时日的泛泛之交,吃吃喝喝、拉拉扯扯的庸俗之交,互相利用的势利之交,有百害而无一利。少数官员走上违纪违法的道路,是交友不慎造成的。他们不分对象,滥交朋友,与那些别有所图的大款、不法商人聚在一起吃吃喝喝、追腥逐臭,借交往之名搞权钱、权色交易,其结局必然是走向腐化堕落。

那些以利相交的虚假友情,是随时可能爆炸的"雷"。有的官员与商人称兄道弟、富贵同享,为了看似"牢不可破"的哥们儿感情,不惜以身试法,然而等到东窗事发,那些"铁杆兄弟"往往只顾把自己撇干净。可见,带着功利色彩的人情,无论看起来多么温情脉脉、甘若蜜糖,背后其实都暗流涌动、相当危险。正所谓"以利相交,利尽则散;以势相交,势败则倾;以权相交,权失则弃",道尽了交势利朋友之患。

为官者与谁交友、怎样交友,绝非个人小节,不是小事,而是事关作风品行的大事,不可等闲视之。看一个人的交际圈,往往就能知道此人的学识、品行和社会声望。窥一斑而知全豹,社交圈也可以反映其本人的为人处世和审美价值观。

欧阳修说过:"君子与君子以同道为朋,小人与小人以同利为朋。"人结交了益友,就会在一起谈崇高的理想追求,分享高雅的情趣,促进各自的完善;若和一些居心叵测、情趣低下的人搅在一起,谈的是吃喝玩乐,追求的是酒绿灯红,就会贪图享受、精神颓废、意志消沉、腐败堕落，最终走上邪路。所以说，从政者要谨慎交友，冷静交友，择善交友，择廉交友，适度交友。

知根知底，交友有数。朋友要交，但心中要有数。这个数就是对所交往的人要有判断力，谁是真正的朋友，谁不是真正的朋友，谁是貌合神离，谁是来者不善，谁是包藏祸心，心里应该有个底。

真正的朋友应该是正直善良、顾全大局的人，是有利于自己更好地履行职责的人，是有利于自己身心健康的人。那些敢于直言、善于提出批评意见的人往往是值得交往、可以信赖的朋友；那些想方设法巴结你、讨好你、满足你，不断用恩惠拉拢、腐蚀你的人，根本就不是真正的朋友，使你为难、要你冒险，甚至推你突破底线的人，也绝不是真正的朋友。

为官者手中的权力相对集中，管理和服务的对象多，有求于己、打自己主意的人也很多，为此，要有警惕性，要善于冷静观察、分析和判断，仔细甄别，对这些人交往的目的、手法还有他们的一贯品行都要有所了解，并在交往过程中时刻保持清醒的头脑，不要被表面现象所蒙蔽，不要为各种诱惑所动摇；对那些趣味庸俗、社会关系混杂的人，对那些了解不多、背景不清的人，一定要保持高度的警觉，保持一定的距离；对那些所谓的"感情投资""形形色色的公关"和那些别有用心的"朋友"，不能"心太软"，要防微杜渐，当断则断，绝不能被别有用心之人迷惑、利用，谨防交友不慎带来不良后果。

见贤思齐，择善而交。从政者交友，既不能泛交，更不能滥交，必须有一定的政治标准和道德标准，有所选择，择善而交；不能不分对象，不辨良莠，什么人都交。

第七章 慎 情

《论语》中讲道:"益者三友,损者三友。友直,友谅,友多闻,益矣;友便辟,友善柔,友便佞,损矣。"主张同正直、诚实、有见识的人交朋友,而那些好谄媚、巧言不诚、华而不实的人则不能相交,容易受损。

明代学者苏浚把朋友分为"畏友""密友""昵友""贼友"四类,他在《鸡鸣偶记》一书中解释说:"道义相砥,过失相规,畏友也;缓急可共,死生可托,密友也;甘言如饴,游戏征逐,昵友也;利则相攘,患则相倾,贼友也。"拿现在的话说就是,畏友、密友可以知心、交心,互相帮助并患难与共,是交朋友选择的对象。而那些互相吹捧、酒肉不分的昵友,口是心非、当面一套背后一套,有利则来、无利则去,甚至还要在背后踹一脚的贼友,是无论如何也不能交的。

择友要擦亮眼睛,善于交益友,不交损友,多同普通群众交朋友,多同基层干部交朋友,多同先进模范交朋友,多同专家学者交朋友,多学习他们身上的长处,注意净化自己的社交圈、朋友圈。

坚守原则,交友有道。对为官者而言,人情之中有原则,交往当中有政治。身为领导者,一定要严格交友的原则,慎交友、交好友,哪些人该交,哪些人不该交,应该心中有杆秤,把握好原则界限。

交友的标准要高一些,多交一些品格高尚的朋友,以提高自己的精神境界;多交一些富有学识的朋友,以增长自己的见识;多交一些敢于批评自己的朋友,好让自己保持清醒,以防止自己在生活、工作中出差错。

君子之交淡如水,为政之道清似茶。交友必须讲原则,要注意把握分寸。要纯洁交友的动机,不能把功利因素带到朋友交往中,否则既毁了友情,又害了自己。交友应追求淡泊俭朴的交往境界,节日一声问候,见面一杯清茶,既可以使自己身心轻松,又有利于培养真挚纯洁的友情。

不要把个人交往与行使公权力混在一起,感情用事。权力与友情之间有一条不可逾越的鸿沟。要时刻保持清醒的头脑,要知戒惧、讲规矩、守纪律,不交不三不四的人,不办不该办的事,不拿不该拿的东西,更不能做权钱交易、权色交易等违法乱纪的事。不论与什么样的人打交道,都应把握好工作关系与私人关系的尺度。不能只讲关系、不讲原则,只讲哥们儿义气,不讲曲直是非。

要从工作出发,从事业出发,从大局的利益出发,把握尺度,择善而交,还要善于引导、发展友谊,维持友谊的纯洁性、合法性和高尚性,不使其变质,切实做到健康交友,始终保持友情的清纯之美。

四、不为人情所累

我国传统文化中人情的含义包括人之常情、恩惠、情谊,也包括情面和礼节应酬等习俗。

中国人重人情,"人情大如天""人情大于债""投桃报李""滴恩泉报""在家靠父母,出门靠朋友"等传统观念在人们头脑中根深蒂固。

礼尚往来、讲情重义是人性之美,本也无可厚非。与普通群众一样,领导干部也有自己的亲戚朋友,肯定也要讲人情,不近人情的领导是难以凝聚人心、战胜困难、获得成功的。

但是，人情也有其世俗、庸俗乃至功利、丑恶的一面，人们或多或少都受过人情的困扰，有时甚至被"人情债"压得喘不过气来。对手握公权力的官员来说，如果不能正确处理人情关系而任其泛滥，就会出现异化现象，从而侵蚀理性与良知，破坏规则与法纪，就可能陷入腐败和犯罪的深渊。

所以说，人情关系是从政者必须认真面对和妥善处理的问题。一个成熟、稳健、廉洁的领导者，必须学会驾驭自己的情感，掌握人情关系的处理艺术，巧妙处理各种人情关系，使人情关系成为成就自我的积极因素。

一是正确处理人情与原则的关系，防止人情伤害。

"无情未必真豪杰"。为官不是不能讲人情，而是不能为了人情放弃原则，不能用人情代替政策，不能损坏制度原则、突破法律界限。交情归交情、原则归原则，交情再深，也不能违反原则办事。

如果为了照顾所谓的人情，为了不得罪人，不惜拿原则与少数人做交易，就会把人情庸俗化了。这种讲人情而不讲原则的党员干部，迟早会栽跟头的。

现实中确有一些人，颠倒了人情与原则的关系，把情面看得比原则还重，经受不住人情和金钱的拉拢与腐蚀，轻易地做了人情的奴仆，什么"情"都领，什么"忙"都帮，是非不分，违法乱纪，丧失了自己的立场和原则。有的人对家属、亲友和身边工作人员提出的不合理要求，明知不对，却碍于情面，不加反对，对他们损害国家和集体利益的行为听之任之，不加管束；有的人交友不慎，过分地"重感情""讲义气"，被所谓的"朋友"利用，成为其谋取私利的工具。

要注意处理好人情与原则的关系，以不违反原则和党纪国法、不妨碍社会公平为限，坚决避免自己的权力深度介入人情请托之中，尤其对重大利益和重要人事问题，要自觉、严密地设置人情"防火墙"，自己不去突破，也严防别人逾越。

当然，人情与原则也不是时时、事事对立，要因事而论。对一些党纪国法明确规定不能做的，必须始终坚守原则的底线；对一些属于自由裁量范畴、允许彰显人情味的特殊领域，也要讲人情。正确处理好原则与人情的关系，做到既重感情又讲原则，在不违反原则的情况下讲人情，实现人情与原则两相宜。

二是正确处理人情与报恩的关系，防止人情成包袱。

所谓报恩，就是得到了人家的恩惠要牢记，并尽可能地采取各种方式给予报答，以表明自己的知恩之情。如果一个人有恩不报，对昔日恩人不肯伸手相助，便会被人戳脊梁骨，骂为忘恩负义。这种报恩，实际上是一种人情交易。

中国人懂感恩、思报恩，在这种文化传统影响下，上至高官巨富，下至平民百姓，每一位国人的内心都有着报恩意识。这就能解释为什么一些官员能经得起金钱、美女的考验，但一遇到有恩于己的老上级、老亲戚、老朋友、老同事有求于己时，便很容易在人情关上败下阵来，把本应坚持的原则丢到九霄云外了。特别是那些在自己危难之际帮了自己的人、在发展的关键时期"拉"了自己一把的老领导……如今人家有"难"，不帮岂能说得过去？于是人情代替了规定、纪律和法律，不该说的话说了，不该写的条子写了，不该办的事办了，在报恩过程中，不自觉地以权谋私，助长了不正之风，甚至充当了不法之徒的"保护伞"。

对从政者来说，当然要学会感恩、正确报恩，但不可步入报恩的误区。对那些对自己有恩的人，应当心存报恩之念，尽力回报、帮助，但不能牺牲原则，不能损害国家和大众的利益，不能用公权来报私恩。

不仅要有感恩之心，更要有正确的报恩意识。要怀着一颗感恩的心，以大爱的思想、广阔的胸襟，以忠诚之心对待组织，以公仆之心对待百姓，以勤奋之心对待工作，以精诚之心对待社会，以清廉之心对待诱惑，自觉做到识大体、顾大局、讲原则、守纪律，全身心地为国干事创业、为群众谋利益，不仅回报那些曾经帮助过自己的人，而且帮助其他需要帮助的人，回报社会，造福社会。

三是正确处理人情与面子的关系，防止人情成枷锁。

在日常工作和生活中，确有一些党员干部因为抹不开面子而过不了人情关。社会上确有一种不良的评价倾向：越是胆敢违背原则做人情的干部，得到的好评越多，人缘也好，得到的实惠往往也更多，干部自己也倍感荣耀。而那些坚持原则，不拿权力做人情的干部，却被认为是不可交、没本事，干部自己也觉得没面子、吃不开。

对这些似是而非的评价标准，要有清醒的判断，作为一名公职人员，尽职尽责、坚守原则是一件很光荣的事；不搞那些小恩小惠、钻营投机之事，不是自己无能，而是不屑，是自己对社会流俗的拒绝；不去满足少数人包括亲友在内的不正当或不合理的要求，并没做错什么，也不亏欠他们什么。如果自己欠了他们的情，应用自己个人的东西去报答，而不应拿公权力做交易，以显示自己有能耐。人情是永远做不完的。为面子而做人情，必将在人情上丢脸。

尤其不能为了所谓的面子，办一些勉为其难的"好事"。古人云，"量力而行，量体裁衣"。帮助人是好事，但若做不到量力而行，就会好心办坏事，甚至会被求助者怨恨。因此，一定要理智而负责地判断自己有没有能力去帮这个忙，可不可以帮这个忙。有能力且可以帮，那就帮一把。没法帮，就千万别打肿脸充胖子，因为答应了可能会把自己都搭上，那结果就是害人又害己。

有些人情负担是由于顾虑过多不敢拒绝造成的：怕得罪领导，怕怠慢朋友，怕疏远关系，怕影响仕途，怕影响声誉，该推不敢推，该拒不敢拒。如果能把面子看轻一些，把名利看淡一些，把事业看重一些，就比较容易抵制一些所谓的"人情"。

拒绝别人说情，也要注意方式方法。对一些明显违法违规的无理要求，要理直气壮地加以拒绝。对一般的说情，则要温和地拒绝，这比直接拒绝更容易让人接受。对说情者除了要热情外，还要把话说婉转，并表示歉意，使他们看到自己的诚意和难处，得到他们的谅解。对一些确有实际困难的人不能拒绝了事，而应在事后给予对方一些关心。若能化被动为主动地关怀对方，并让对方了解自己的苦衷与立场，就可以减少拒绝的尴尬与影响，从而保全双方的情面。

五、树立大情怀

情怀，是一种高尚的心境、情趣和胸怀，是一种出乎本心的不虚、不私、不妄，无矫饰的真情流露。情怀能激发人最深沉的力量，一个人有了情怀，就会对自己的职业有发自心底的热爱。

很多时候，胸襟的大小决定了平台的大小，境界的高度决定了事业的高度。情怀的大小往往决定了一个人能挑多重的担子、干多大的事。情怀越博大、境界越高远、目标越远大，方向就会越坚定，意志就会越强大，脚步就会越有力。

情怀的大小，区别就在于是独善其身还是兼济天下。大情怀是一种胸怀博大、心怀大义、具有前瞻性的思维方式与情感力量。从政者作为公众人物，只热爱本职工作还不够，还需有为国为民的大情怀，尤其是领导干部，无论是带队伍，还是对待群众，都不能缺乏"济世利民"的大情怀。

"意莫高于爱民，行莫厚于乐民"。爱民为民才是爱的最高境界。中国儒家有"爱民利民"的精神传统。"济世利民"是中国人文思想的优秀传统，也是中华民族精神的积极成分。"穷则独善其身，达则兼济天下""为天地立心，为生民立命，为往圣继绝学，为万世开太平"等儒家语录，都是中国仁人志士济世情怀的典型写照。

古代儒家对天下国家抱有一种不可推卸的社会责任感和历史使命感，把国家的兴衰治乱作为自己的责任，总希望经天纬地、利济苍生，透显出对家国天下的强烈的担当意识和济世情怀。以孔子为代表的古代儒家倡导"仁者爱人"，并将其仁爱思想推而广之，以至天下万民。仁，只有在对他人的关怀中才能得到体现，要"以其所爱，及其所不爱"，因此，把自己造就成以天下为己任的"志士仁人"是儒家的根本要求。

中华民族之所以能历经磨难而不衰，一个重要原因就是我们民族有自强不息的奋斗精神，我们的民族脊梁有着生生不息的利民情

从政九慎

怀和义无反顾的救世行动。从大禹治水"三过家门而不入",到范仲淹"先天下之忧而忧,后天下之乐而乐";从林则徐"苟利国家生死以,岂因祸福避趋之",到孙中山推翻帝制建立共和;从李大钊"铁肩担道义,妙手著文章",到毛泽东"为有牺牲多壮志,敢教日月换新天",无一不充分表达了英雄伟人、志士仁人们以天下为己任的抱负、指点江山的意气、忧国忧民的情怀。

一个官员有没有为民爱民情怀,其行为方式和处世态度是截然不同的。有了为民爱民情怀,就会"哀民生之多艰",树立"利济苍生"的远大抱负;就会时刻把群众的疾苦冷暖放在心上,时刻触摸群众的情感;就会有"济苍生,安黎民"的实际行动和助民致富的决心,在有限的任期和职权范围内,为人民群众尽量多做好事、办实事;就会把权力当作为人民群众服务的工具,而不是为己谋利的手段,就会坦坦荡荡,做到自觉抑制私欲,在各种歪风邪气的侵袭腐蚀面前守身如玉,展现一个从政者的至高情怀和崇高境界,不会蝇营狗苟。

我们不能要求当干部的个个都成为英雄伟人,但从政者的职责要求他们个个都要有济世情怀,都应成为造福天下、普济苍生的民族脊梁。如果大小官员只关心自己和妻子儿女"小家"的利益,不关心人民群众和国家民族这个"大家"的利益,那社会还要他们干什么?实现群众的愿望、满足群众的需要、维护群众的利益,是为官者工作的根本出发点和落脚点;为群众诚心诚意办实事,尽心竭力解难事,坚持不懈做好事,是为官者义不容辞的神圣职责。

从政者感情的最高境界就是对老百姓有一片赤诚之心。心系群众鱼得水,背离群众树断根。心里想着人民,心中装着人民,把感情用在为人民服务上,可以说是一个从政者最起码的道德要求。

坚持立党为公、执政为民，是党的性质和宗旨的集中体现，也是每个干部的职责所在。把立党为公、执政为民的要求落到实处，关键在于努力落实"为民"两个字。

一是树立为民之志。有了高尚的心志，才能成为高尚的人物；如果没有高尚的心志，就没有高尚的行动。只有志存高远，才能勤政为民。志存高远，就要把群众的冷暖时刻挂在心上，像鲁迅先生那样"俯首甘为孺子牛"。坚持从政为民，常怀为民之心，自觉树立民本意识，增强公仆意识，始终把勤政为民作为一切工作的出发点和落脚点，常思为民之策，想问题、办事情、作决策都要把群众利益放在首位；坚持人民至上的原则，坚持一切为了群众、一切依靠群众，始终把人民群众的呼声作为第一信号，把解决人民群众的困难作为第一目标，把人民群众的利益作为第一追求，为人民掌好权、用好权，用人民赋予的权力服务人民、造福人民。

二是真心热爱群众。为政之要，贵在爱民。只有把群众放在心上，群众才会把我们放在心上；只有把群众当亲人，群众才会把我们当亲人。从政者要有大爱情怀，对人民群众怀有真挚的情感，把群众当作自己的亲人，全心全意为群众服务，真心实意对群众负责。坚持把"群众拥护不拥护、赞成不赞成、高兴不高兴、答应不答应"作为一切工作的出发点，认真倾听群众的呼声，认真采纳群众的意见建议；时刻把群众冷暖放在心上，想群众所想，急群众所急，办群众所需，实实在在为民排忧解难。特别要关注弱势群体和困难群众，为他们带去党和政府的关怀和温暖，始终保持与人民群众同呼吸、共命运、心连心的鱼水之情。

三是诚心亲近群众。为民就要知民，知民就要亲民。只有在感情上把群众当亲人，深入基层，亲近群众，察民之情，体民之苦，客观真实地了解群众的所思、所忧、所怨、所盼，才能找到穴位、摸准脉搏，才能顺应民意、尊重民意，才能急民所急、忧民所忧。要乐于跟群众交朋友，善于跟群众打交道，用群众语言说家常话，讲群众能够接受的理，能与群众"坐到同一条板凳上"；坚持工作重心下移，经常到基层去调查研究，放下架子与群众接触，了解群众的安危冷暖，也可以上网或看看自媒体，跟网民在线交流，了解群众所思所愿，收集好想法好建议，积极回应网民关切，真正成为群众的贴心人。

四是悉心为民办实事。为民情怀，关键的是做老百姓希望做的事。"民生重如山""群众利益无小事"，都表达了对群众的深情厚谊与真挚关切。坚持以人民为中心的发展思想，始终把人民群众的利益放在第一位，把保障和改善民生作为重要任务来抓，不断改进领导方式和工作方法，提高服务水平，紧紧围绕群众最想的、最盼的、最愁的事情，切实把关心群众的工作做好、做细、做实，切实解决好群众的操心事、烦心事、揪心事，真正实现好、维护好、发展好人民群众的根本利益，真正为群众注入满意感，托起幸福感，守住安全感。

"衙斋卧听萧萧竹，疑是民间疾苦声"，这是古人对天下百姓倾注真情的形象写照。在新的历史条件下，从政者对群众讲真情，关键是要坚持做到权为民所用、情为民所系、利为民所谋，讲群众听得懂的话，办群众得实惠的事，做群众信得过的人。这样，才能真正做到和群众心连心、手拉手、情融情，才能真正赢得群众的认可、支持和尊重。

第八章

慎 平

得财不喜是平常心；
失利不忧是平常心；
享誉不骄是平常心；
受谤不恼是平常心。

慎平，就是越在个人发展顺风顺水的时候，越要保持清醒的头脑，越要谨慎小心、低调行事，越要履平防险、浅水深防，不见喜忘忧，不得意忘形，谨防于平阔处翻船。慎平不是平庸，不能因为追求仕途平稳而拘泥保守、庸碌无为。从政者既要有谦虚谨慎、稳健务实的作风，又要有勇于拼搏、自强不息的精神，始终保持热情，敢于担当，积极作为，不骄不躁，不卑不亢，且行且珍惜，走好平安从政路。

一、顺时不张狂

人在仕途，有顺时也有逆时，逆时固然要发愤，但顺时尤须谨慎，要慎处顺境，谨防坦途翻车。

当你一再被提拔、步步高升时，当你位高权重、身处重要部门或重要岗位时，当你受到上级领导的赏识、器重和表彰时，当你碰上能充分展示自我的良好机遇时，当你在事业上不断取得骄人的业绩时……一时间，你的人生和事业一路坦途、一帆风顺，你光芒四射，同行羡慕你，下属敬重你，前呼后拥，众星捧月，掌声、鲜花包围着你。此时的你可谓意气风发，春风得意。

此时倘若把握不住、掌控不好，不能保持清醒、谦谨，就会飘飘然、昏昏然，沾沾自喜、得意忘形，甚至忘乎所以，逐渐膨胀嚣张起来。任其发展下去，迟早会摔跟头。

晚唐诗人杜荀鹤有诗云："泾溪石险人兢慎，终岁不闻倾覆人。却是平流无石处，时时闻说有沉沦。"这首诗包含着深刻而精妙的人生哲理：船到急流险滩，人们大多会格外谨慎小心，常常可以平安渡过，恰恰是在风平浪静、没有暗礁危石的地方，思想放松麻痹了，结果经常发生船翻人亡的惨祸。这就给人一个启示：当谨慎于平顺时。

一个人最顺遂、最风光的时候，往往是最危险的时候，是各种危害开始潜滋暗长的时候。事物发展的规律是盛极必衰，有高峰必有低谷。"十分红处便成灰"，炉中木炭，烧到极致，到了十分红的时候，转瞬便会成灰。正如亚里士多德所说："人生颇富机会和变化。人最得意的时候，有最大的不幸光临。"

人在平顺之时，容易滋长娇气，有了点小成就，就开始骄傲自满，自以为是，自高自大，变得目中无人，忘记了自己姓甚名谁，常常唯我独尊，喜欢显示比别人高明，把取得的一切成绩归结于自己的才干、努力和运气，淡忘了组织的培养和同事的支持，渐渐变得刚愎自用、骄横霸道，容不下异见，听不得批评，甚至恣意妄为，为所欲为，结果反误了大好前程，应了"颠得越高，摔得越痛"的道理。

人在平顺之时，若不知低调，就容易遭到嫉恨。要知道人的嫉妒心是很可怕的，当你耀眼时，会有很多人看着，会找机会拉你下来从而代替你。

职位升迁，意味着权力、地位、声誉、影响力等随之"水涨船高"，同时"水涨船高"的还有责任、义务、风险与挑战。职务越

从政九慎

高,对个人的品德、能力、素质要求越高。职务提高了,不等于水平能力就自动提升了,如果不及时"充电""补课",就难以胜任新职;职务越高,担子越重,责任越大,稍一松懈,稍有疏忽,就可能决策失误办错事,损害国家利益,祸及民众;职务越高,诱惑越多,考验越大,假如没有足够的警醒、坚强的定力,极易翻船落马……

"春风得意马蹄疾"。人在得意的时候,头脑发热,会把自己引入一个盲区,认为自己真的很了不起,会放大自己的优点,忽略别人的长处;会过于强调自己的主观作用,忽略客观上的帮助和配合;会昏昏然被胜利冲昏了头脑,忽略潜在的危险;会满足于现状而失去进取精神,致使可能被掌声和鲜花所埋葬。

宋代诗人林逋认为,在大江上张满了帆篷,在平陆上驰骋着快马,没人赶得上,是天下最得意的快事,但也是最可忧的危险。清代袁枚也告诫儿子,"骑马莫轻平地上,收帆好在顺风时",快马加鞭、轻舟似箭,最不能轻忽,懂得早日收敛,才是最安全的。

清代名臣曾国藩到达了位极人臣的地位,权力显赫,名望极高,他还是常常提醒自己:顺利的时候,要考虑到终有不顺利的时候;兴盛的时候,要考虑到终有衰落的时候。他始终保持一颗清醒、冷静的头脑,时时谦恭谨严,事事小心翼翼,才顺利渡过了诸多宦海风波,避免了历代权臣败家丧身的宿命。

为官者在顺遂时得意忘形,过于张狂,胡作非为,失去常态,必将形象受损,事业受挫,以至于得意春风不再来,美好佳境不再有。"顺境的美德是节制,逆境的美德是坚韧"。身处顺境,尤需慎平,要以忧惧之心对待升迁,以敬畏之心对待权力,朝乾夕惕、如履薄冰、谨言慎行、不懈不怠,方能稳健持重、从容淡定地走好从政路。

保持头脑清醒。人最容易迷失自我的时候，往往是得志得意、平步青云的时候。此时要保持清醒的头脑，自省自警，懂得祸福、得失、成败、对错相依相存、相互转换的道理。《菜根谭》有言："得意处论地谈天，俱是水底捞月；拂意时吞冰啮雪，才为火内栽莲。"洞察世事，平衡心态以后，再来看自己的一时得意，心绪就会平静多了。经常冷静地审视自我，想清楚自己到底何德何能，离开了各方面的支持、帮助、配合和厚爱，自己又能做成什么，不断增强忧患意识和防范意识，保持谦虚谨慎、戒骄戒躁的警觉和自觉，学会韬光养晦、低调行事，才能行稳致远。

稳健慎重莫妄为。若没有自知之明，只凭自己一时好恶，好大喜功，使一些本来不该干、不能干的事强拉弓、硬上马，搞一些所谓"政绩工程""面子工程"，结果自然是劳民伤财。如果胆子大，什么"板"都敢"拍"，什么"策"都敢"决"，天大的事，一拍脑袋就定了，这样下去不出事才怪。为此，领导者要力戒骄妄之气、张扬之色和张狂之举，不轻率、不妄动、不盲动，要思虑周密，严谨细致，踏实靠谱。

夹着尾巴做人。如果把当官看成"做老爷"，自然就颐指气使，盛气凌人；如果把自己放在公仆的位置上，无论职务多高，始终牢记全心全意为人民服务的宗旨，就会像孺子牛般勤勉温良。官升不可脾气长，要摆正脾气与威信的关系。威信里并没有脾气的含量，大发脾气只能暴露无能与粗鲁，与魄力毫不沾边。自古"不矜威益重，无私功自高"，本事长一截，威信才会增一分。抬头看天、趾高气扬的人太过肤浅，永远谈不上沉稳。要把高傲的头颅低下来，懂得收敛自己的锋芒，做人谦虚一点、低调一些。人不求人一般大,换个角度、换个位置、换个环境,谁知道你是谁,"夹着尾巴做人"是有道理的。

积极进取不止步。从政者顺遂之时,是满足于眼前的成功,故步自封,停滞不前,还是矢志不移,继续向着更高更远的目标努力进取?如果一味沉溺在过去的成功喜悦当中,靠吃老本过日子,是不会有太大作为的,是不可能走得太远的。顺遂之时,往往是外因与内因结合最佳之时。此时客观条件优越,自身潜力与特长也易于充分发挥,应淡化对已有成绩的眷恋,以更高的标准、更严的要求,集中精力抓好最重要的事情,在本职岗位上脚踏实地,多做好事,多办实事,多创业绩。

"得宠思辱,居安思危"。人生平顺之时,应尽力做到不忘形、不忘本,不骄不躁,再接再厉,保持空杯心态,不断归零,永远站在新的起跑线上,不断进取,不断创新。唯此,才会仕途坦荡、人生精彩、事业辉煌。

二、保持平常心

所谓平常心,是人们在日常生活中为人处世的一种平和心态,就是既积极主动,尽力而为,又顺其自然,不苛求完美,从容淡定的心态。它体现了对外界事物和生活变化的一种平衡、从容和淡泊的态度。

平常心不是冷漠或消极,而是在面对喜怒哀乐、得失荣辱时能够保持内心的平和与稳定。王阳明说:"得财不喜是平常心;失利不忧是平常心;享誉不骄是平常心;受谤不恼是平常心。"

第八章 慎平

平常心应该是一种常态，修养达到一定境界后方可拥有。一个人要以清醒的心智和从容的步履走过岁月，他的精神与心态中必定不能缺少淡泊与平和。否则，他不是活得太忧郁，就是活得太无聊。淡泊与平和不是不求进取，不是没有追求，不是无所作为，而是以一颗恬淡的心对待生活，从容面对一切意外。

从政者能够保持一颗平常心，固守淡泊，既是一种心态修养，也是一种生命的境界和人生的情怀。只有这样，才能以一种超脱的心态对待人生、对待眼前的一切，居功不傲、得意不狂、受挫不悲、浮财不图，不为各种烦恼所左右，使自己的人生不断得到升华；才能在当今纷繁复杂、眼花缭乱的世相百态面前凝神静气，坚守自己的精神家园，追求自己的人生目标；才能抛开一切名缰利锁的束缚，让人性回归本真，获得心灵的充实、恬静、自由和纯净。

作为掌控一个地方或组织的官员，在工作中会面临金钱的诱惑、权力的纷争、宦海的沉浮等问题，这些都让人殚精竭虑。是非、成败、得失让人或喜或悲、或惊或诧、或忧或惧，一旦所欲难以实现，一旦所想难以成功，一旦希望落空成了幻影，就会失落、失意乃至失志。唯有以平常心看待一切，才会事事平常。

人生如航船，心态如舵仪。在信息过剩、人心浮躁、充满诱惑的时代，摆正心态已经成为人们最重要的心理课题。拥有一颗平常心难能可贵，也是非常必要的，对从政者来说更是如此。

要甘于淡泊和寂寞。"非淡泊无以明志，非宁静无以致远。"古往今来，许多圣贤名士修身养性都尊奉诸葛亮这句名言，借以涵养博大无边的心胸，磨炼恢宏浩瀚的气度。江水澄澈千里，在平淡中执着地奔流；群山巍峨千年，在静默中恒久地伫立。

从政九慎

淡泊宁静，是和谐与积极的心态，淡而愈浓，近而愈远。在取得成功或幸福时，不过分陶醉，保持冷静和理智；在遭遇困境或挫折时，也能保持镇定，不过分沮丧或绝望。人生在世，需有一点淡泊心境。领导者有了平常心，遇事就能平静面对，做工作不疾不徐，事情一件一件去做，问题从容淡定处理；即使在紧张的工作压力下，仍有心情去感受那份"宠辱不惊，闲看庭前花开花落；去留无意，漫随天外云卷云舒"的从容自在。

"真味是淡，至人如常。"领导者如果保持一颗平常心，把自己的心融到日常生活当中，如同日夜更迭，季节流转，如同清泉流淌，松涛起伏，一切在淡然之中，一切在平静之中，就不会觉得生活太忙太累，就不会被生活逼迫，不会因人事而精疲力竭。

在名利得失上保持平常心，尽量把个人的名利、荣辱、进退看得淡一些，就不会失去心理平衡，就能保持心情平静。"名为招祸之本，利乃忘志之媒"。争名者未必得名，夺利者未必获利。要以淡泊之心对待名利，得之不喜，失之不忧，不要过分在意得失，不必过分看重成败，不要过分在乎别人的看法。只要自己努力过、奋斗过，外界的评说又算得了什么呢？

"事能知足心常乐，人到无求品自高。"知足是一种境界，一种对洞悉世事以后正确取舍自我行为的理性表达。知足，使人平静、安详、达观、超脱。知足方能感受到真正的喜悦、真正的宁静、真正的幸福。真正的喜悦不是一味追求，而是对每一天都感到满意。

人的很多烦恼，都来自过多的欲望。整天为名利得失斤斤计较的人，只会被各种各样、没完没了的焦躁和烦恼困扰，永远享受不到人生的快乐和生活的惬意。贪欲是人性"恶"的源头。古人说，

第八章 慎平

"罪莫大于多欲，欲不除，如蛾扑火，粉身乃止；贪无了，如猩嗜酒，鞭血方休"。当人的欲望发展至贪婪成性，便会在欲望中沉沦，迷失方向，迷失自我。贪婪与堕落是一对孪生兄弟，腐败分子腐败，就"腐"在心态失衡，人格变质，就"败"在追求享乐，私欲膨胀。

明朝吕坤说："防欲如挽逆水之舟，才歇力便下流；力善如缘无枝之树，才住脚便下坠。是以君子之心无时而不敬畏也。"抵制欲望就好像是在挽拉那行驶在逆水中的舟船，一歇下力来便会往下飘去；极力做善事就好像是在攀缘那没有树杈的树木，一停住脚步便会往下坠落。

做到知足知止，就要明白有些事情"知不可行而不行"，有些欲望"知不可得而不得"，这是人生的一种智慧，是人经过理性思考后呈现出的达观和超脱的良好心态。这种心态能抑制人的某些奢望，让人们正视现实，不作非分之想，从而内心坦然。

一个人拥有再多的房子、再多的金钱，都是过眼云烟，生不带来，死不带去。深刻认识到这一点，就不会沉迷于物质享受，就能从内心深处做到知足。一副对联写道："不思八九，常想一二。"人生不如意事常有八九，倘若心为物役，患得患失，就只会被悲观、绝望窒息心智，人生的路途注定举步维艰。常想一二，就是用心感恩、庆幸、珍惜人生中那如意的十之一二，最终以知足、豁达与坚韧去抵制诱惑。

正确对待职务晋升。在对待个人职务晋升问题上应顺其自然，稳步前进，不要劳心费神、刻意追求。在现实生活中，有些人存在"上荣下辱"的思想，把职务看得过重，有的自知提拔无望，就会精神不振得过且过，当起了撞钟和尚；有的对组织的安排不满意，就有抵触情绪，怨天尤人，郁郁寡欢，甚至消极怠工。

通常情况下，干部的成长进步与职位提升是成正比的，但职位提升还要受到一些其他因素的制约，如编制体制、班子搭配、任职年限、素质特点、岗位需要等，所以成长进步与职位提升不能简单地画等号。如果不具备升职的条件，缺乏胜任更高职务的能力，就不要高估自己，不要勉为其难，不要刻意地去谋取本来不属于自己的职位，否则搞得心力交瘁而于事无补。

要平静对待，淡泊处理职务晋升。千万不要因为职务上不去而跟自己过不去，自寻烦恼，甚至做出一些不该做的事情来。不能把做官看得太重，要平衡心态。不能见别人升了官心里就吃醋；不能认为自己官小就低人一头。多想想怎样尽职、如何干事，烦恼自然也就少了。"利不可以虚受，名不可以苟得"。凡事不可强求，更不要去挖空心思、削尖脑袋到处跑官要官，丢自己的人格。那样不仅做不了官，还会被人瞧不起。

平常心，不平常。因为想要真正拥有一颗纯粹的平常心，绝不是嘴上说说那么简单。平常心是一种长期修炼才会拥有的心态，是拿得起放得下，是发自内心的大度与宽容，是不计得失、坦然面对失败的胸襟。有了平常心态，生命便具有了更高意义，行为便有了广阔空间——很多的时候就有了高招、绝招，就能走出困境、险境，就能化解心中的压力。

三、平稳不平庸

为官稳重，做事沉稳，才能平稳走好从政之路。

身份的特殊性和职责的重要性，要求领导者做人要谨慎、做官要稳健、做事要沉稳。

稳重的领导者，一般言语慎重而不妄发，说话会算数；性情平和，不温不火，情绪不外露；思维缜密，虑事周全，疏而不漏；行事深思熟虑，稳中求成，有一种临危不惧、处事不惊的大将风度。

领导者肩负重任，责任重大，且为下属和群众所关注，理应稳重。只有做到稳健持重，站稳脚跟，前进的步伐才会铿锵有力，才能"猝然临之而不惊，无故加之而不怒"，达到"任凭风吹浪打，我自岿然不动"的境界。

做领导的，心浮气躁、急躁冒进是大忌。情绪稳定、说话严谨、做事稳当、遇事不慌、处变不乱，是一个领导者应有的职业素养。

但是，平稳不是平庸，不能为追求仕途平稳而过于求稳、一味求稳，甚至因求稳而堕入平庸的境地，变得庸俗，变得慵懒懈怠，以至于浑浑噩噩、庸碌无为，成为一个地地道道的"庸官"。

一是思想平庸。思想认知平庸贫乏，观念陈旧，毫无创见的人，只会哼哼哈哈，讲些了无新意的套话、大而化之的空话、永远正确的废话；既缺长远眼光，又无战略思维，思维不活，思路狭窄，工作缺点子、少办法，只会当传声筒，依葫芦画瓢；相信"出头的椽子先烂"的庸俗哲学，瞻前顾后、畏首畏尾，怕出头、怕冒尖、怕超前，等等看看，走走停停，不敢创新，不敢争先。

二是能力平庸。能力平庸者习惯于沿用传统经验和工作方式，面对新情况新问题，学习不够、钻研不足，致使知识与能力不适应工作需要；平时不注重调研，不注意总结，吃不透上情、掌握不了下情，业务不熟悉，工作无章法，"脚踩西瓜皮，滑到哪里算哪里"，虽然做了一些工作，有时做得还很辛苦，但不讲方法、不对路子，结果搞出一些南辕北辙的事情来，老办法不管用，新办法不会用；攻坚克难的能力不强，在应对突发事件、棘手问题、利益纠纷问题时手足无措、处置不力，不能及时妥善解决问题、化解矛盾，既干不了大事，也解不了难事。

三是作风平庸。有的"混"字当头，暮气沉沉、精神不振，执行不力、办事拖拉，敷衍应付、浮皮潦草，吃喝玩乐、追求安逸；有的奉行"不做事没事，做事会出事"的为官之道，不求有功、但求无过，马马虎虎、得过且过，不求过得硬，但求过得去，满足于混日子、守摊子；有的信奉"多一事不如少一事"的处世信条，该讲的话不讲、该表的态不表，面对错误的人和事明知不对却当作不知道，见困难就缩，见问题就推，见矛盾就躲，对群众提出的诉求敷衍了事，对群众反映的问题久拖不决，以致酿成严重后果。

四是工作平庸。这类人工作按部就班，谨小慎微，循规蹈矩，毫无闯劲与干劲。有的害怕"洗碗越多，摔得越多"，"为了不出事，宁可不干事"，怕干得多出错多，不敢主动干事；有的怕决策失误，该决策的不决策，该拍板的不拍板，过度谨慎，贻误了工作；有的在落实中央重大决策部署和上级要求过程中生搬硬套、落而不实、行动不快，推进工作光打雷不下雨，不见实招，甚至有令不行、弄虚作假；有的工作不积极、不主动，对承担的工作能拖则

第八章 慎平

拖，不推不动、拨一拨转一转；有的职责落实不力，该办的事不办或慢办，行动迟缓、消极懈怠，导致所负责的工作长期得不到推进，没有取得实质性进展，拖全局性工作的后腿。这些不作为、慢作为、乱作为的庸政不可能有实绩，结果在事业上只能是平庸无为。

庸碌的官员，精神萎靡，甘于平庸，安于现状而不思奋进，安坐官位而不想干事，安享俸禄而不愿奉献，小心翼翼地守着"不出事"的逻辑，畏首畏尾地扮着"老好人"的角色，老练圆滑地成为推托难题的"太极高手"，一心想的是当"太平官"，奉"无为而治"为做官秘诀，以明哲保身为处世良方，"平平安安占位子、忙忙碌碌装样子、疲疲沓沓混日子"，只求平安守成，不求建功立业。

庸官最大的问题在于：他们不对人民、国家、组织负责，缺乏起码的职务责任意识。庸官的自觉的"无责任意识"，使他们"创造"了许多逃避责任、推诿责任的"为官秘诀"：凡是有关原则大局的大事，他们都靠上级，而具体行动则完全推给下级。他们表面上似乎与世无争，实际上心里打着个人利益的"小九九"。他们为了"求稳"，不想承担一切风险——宁可做不出任何成绩，也不要出一点差错。这种不谋事、不干事、不担事的"求稳"，其实是不思进取、无所作为、敷衍塞责、不敢担当、得过且过的平庸。

乍看上去，慵懒无为、效能低下的庸官给国家和社会带来的危害，并不像以权谋私、贪赃枉法的腐败分子那么直接和明显，但实际上，庸官懒政的危害不容小觑。庸官在其位不谋其政、不履其责，是消极不作为，是渎职、失职。当作为而不作为，不求有功但求无过，就可能贻误发展良机，丧失群众信任支持，损害党和政府形象，降低党的执政能力。

　　清代纪晓岚在《阅微草堂笔记》中讲了一则寓言故事：一个官员死了，阎王审理后要治他的罪，官员的魂魄大喊冤枉，自称生时所到之处只饮一杯清水，非常廉洁，以"虽无功，但总无过"自辩。阎王斥道："如果不贪就是好官，那在公堂中设一木偶，连水都不用喝，岂不更好？"故事虽为虚构，道理却很深刻。

　　干部的本分是干事，而不是混事。吃着百姓供给的俸禄，背负着组织的重托，无所作为就是过。经济学中有一个重要概念叫"机会成本"。庸官的危害主要表现在耗费机会成本上。他们占着有限的职位却不谋其政，使不少能干事的官员失去了在这些岗位上建功立业的机会；他们在改革中不善于抓突破，在发展上不善于抓机遇，在解决问题时不善于抓火候，常常导致改革滞缓、发展滞后、矛盾滞积乃至激化。庸官不仅空耗时间、机遇，而且误事、坏事。

　　防止官员平庸化，从外部解决，最好的办法是从制度和机制入手，健全选人用人制度，改进干部考核办法，坚持民主、公开、竞争、择优原则，使"能者上、平者让、庸者下"，给真正能干事会干事的人提供平台；对不作为实行问责制，对庸官懒政导致的效率低下、工作贻误、群众正当权益受损等进行严格问责，追究其行政、法律责任，让庸官无所遁形、混不下去。

　　既在其位，当谋其政；不任其政，何当其位？官从何来，因事才设官；官何以显，因做事才可以见。无事设官，则是混官；有官不做事，则形同虚设。慵懒不作为也是一种腐败。戒除平庸之心，领导者一定要强化"无功即是过、平庸就是错"的理念，坚持廉政与勤政的统一，科学干事、扎实干事、创新干事、团结干事、干净干事，真正做到务实高效、勤政有为。

平庸是追求卓越的天敌，是干事业的克星。每位从政者，无论官大官小，都要克服慵懒习气，增强事业心、责任感，开拓进取，以高昂的状态、创新的姿态、务实的作风，殚精竭虑，孜孜不倦，鞠躬尽瘁，立足本职岗位，尽心尽责，一心扑在工作上，做到不因事大而难为、不因事小而不为、不因事多而忘为、不因事杂而错为，认真抓好各项工作的落实，努力创造无愧于历史和人民的业绩。

四、激情不能丢

激情是一种强劲的情绪，是一种对人、事、物和信仰的强烈情感，表现为生命的活力、执着的精神、昂扬的锐气、冲天的干劲、高度的责任感。

激情是点燃理想的火种，是成就事业的辅翼。人没有激情，就会缺乏蓬勃的生机，萎靡不振，暮气沉沉，饱食终日，无所用心；从政者没有激情，在工作中就不敢担当、不敢创新，仅凭着惯性和陈规在工作，容易安于现状、得过且过。

激情是一种可贵的工作状态，需要全身投入、积极主动高效；激情是一种崇高的思想境界，需要全心奉献、不计名利得失；激情是一种不懈的精神追求，需要全力追寻、勇于探索创新。一个人只有永葆激情，才能不断超越自我、成就辉煌人生。

失去激情的人生，必然裸露灰冷如冰的平庸与苍白，缺乏激情的生活是一潭壅滞不流的死水。没有激情的日子是无味的，没有激情的生活是平淡的，没有激情的感情是麻木的，没有激情的人生是难有大作为的。

激情是干事创业的力量源泉，更是一种宝贵的精神资源，是胜任岗位、成就事业的必备素质。工作须有激情。雷锋说过，"对待工作要像夏天一样的火热"。比尔·盖茨有句名言："每天早晨醒来，一想到所从事的工作和所开发的技术将会给人类生活带来巨大的影响和变化，我就会无比兴奋和激动。"

激情焕发工作热情，体现着奋发向上的精神状态。有激情才会不断地突破自我、超越自我、重塑自我。无论一个组织还是一个人，要成就一番事业，不仅仅看素质有多高，也不仅仅看拥有的外部环境有多好，更要看是否有一种肯干事的激情、一种敢试敢闯敢于创新的气概、一种不达目的誓不罢休的韧劲。

工作从来就不是冷冰冰的。每一个数字之后，都可能有着万家忧乐、民生冷暖；每一项决策之后，都预示着灿烂未来、宏伟蓝图。在工作中，冷静的分析、科学的决策固然重要，但只有融入情感的力量、保持激情的状态，才能体会到其中的温度与厚重，才能激荡起让人夜不能寐的梦想与抱负。可以说，激情不仅是一种可贵的工作状态，更是一种可叹可赞的理想者情怀。

工作，不仅仅是为了吃饭。如果为工作而工作，人与机器有什么差别？从这个意义上说，保持激情的状态，是工作岗位对领导干部的要求，也是领导者发现人生意义、实现人生价值的内在需求。带着激情去工作，工作也必将回报以更为快乐、更为充实，也更有意义的人生。

激情是一种情感，与热爱密不可分，从某种程度上可以说，激情源于热爱。只有热爱工作，才可能全心投入、无悔付出。有了激情，就有了积极性，有了动力，就不会因为工作辛苦而抱怨，不会因为困难而退缩。对工作有热情的人，不论工作有多么困难，或需要多么艰苦的磨炼，始终会用从容不迫的态度去应对，始终保持对岗位的热爱、对工作的执着。

激情集中外化为争创一流的志气、百折不挠的勇气、开拓创新的锐气。激情是创新工作、追求卓越的驱动力，没有激情，工作就很难有起色，缺乏激情，疲沓涣散，很可能一事无成。因此，对待工作必须保持高昂的激情，用崇高的精神支撑我们所做的事业。

激情不是一时的感情冲动，而是来自对信仰的坚持、对工作的热爱、对事业的忠诚。不能把激情与冲动混为一谈。一些人在重大任务、重要工作中充满干劲，在日常工作、普通岗位上却得过且过；初上任时雄心勃勃，干上几年后就懈怠萎靡。这些都是虚假的激情，充其量只是情绪化的表现。如果说激情是一种可贵的状态，那么理性、持久的"深沉激情"，更是一种高远的境界。

在实际工作中，激情很容易被冷水泼灭、被阻力磨损、被失败的痛楚挫伤。一些人刚参加工作或新近提拔时，豪情万丈，踌躇满志，雷厉风行，但是新鲜感一消失，工作驾轻就熟，激情也随之湮灭，一切开始平平淡淡，每天的工作只是应付；有的稍遇挫折，情绪便一落千丈，怨天尤人，甚至一蹶不振。经过工作与生活的千锤百炼之后，仍能心中充满激情，才是生活中的强者，才是事业上的佼佼者。

奋斗者是要有激情的，尤其需要保持一种对事业的激情。领导者要做好各项工作，就需要始终保持求真务实、真抓实干、昂扬向上、奋发有为的精神状态，特别是在难题和矛盾面前，更需要对工作倾注热情，为事业燃烧激情。只有保持昂扬向上、奋发有为的激情，勇于拼搏，迎难而上，才可能有所作为。

人之激情，如笔之锋，须用心保养，方能发挥其威力。如果不注意保养，工作时间长了，重复性的工作做久了，对工作的好奇心、新鲜感就会逐渐消退，心中的激情就会日渐减弱，直至泯灭，趋于平淡，最终归于平庸。领导者要保养激情，为更好地工作注入激情与活力的因子。

保养激情，需要有崇高的志向做支撑。伟大的理想产生伟大的动力。只有崇高的理想信念才能成为真正的精神支柱，才能产生伟大的力量。只有有远大志向的人才能对人生抱有积极向上的进取精神和乐观态度，才能对工作抱有无限的热忱。一个人只有在追求崇高目标的时候，他的潜能才能得到最大的发挥，才能对社会作出最大的贡献。一个人如果胸襟狭小、目光短浅，工作只为稻粱谋，凡事只为自己想，就难以产生持久的热情和巨大的动力，就可能患得患失，甚至蝇营狗苟，失魂落魄，对工作就不可能有激情。

保养激情，需要以正确的价值观为前提。价值观就是对客观事物有无价值和价值大小的根本观点和评价标准。有什么样的价值取向，就会有什么样的行为。我们所从事的工作，不单纯是个人谋生的手段，还是个人成长进步的载体，更是实现个人价值的平台。人与工作的这三层境界，直接决定了对工作的投入程度，只有把个人价值的实现与组织的目标统一起来，形成共同的奋斗目标，将个人命运与国家命运联系在一起，才有可能充满激情地去工作。

保养激情，需要增强责任心和进取心。天地生人，有一人当有一人之业；人生在世，生一日当尽一日之责。涵养工作激情，就要爱岗敬业、全心投入，对待工作满腔热情、极端负责、精益求精、争创一流；就要保持积极进取、奋发有为的精神状态，改变因循守旧、墨守成规的行为方式，不断创新工作的思路和方法，善于用改革创新的办法解决前进中的矛盾和问题，遇事敢大胆负责、敢抓敢管，坚持原则，一抓到底，不断开创事业发展新局面。

保养激情，需要调理身心，以正确的态度对待挫折和困难。激情是面对现实，接受挑战，拥抱希望。要以自信、自强的态度去清洗一切挫折坎坷，要以自信、自强的态度不断地丰富自我，挖掘自我。只有这样，激情才会如山泉一般，常流常新。挫折、失败，种种的不愉快，如果能够细心调节，会成为激情的润滑剂。能够不断吐故纳新，保持心灵的洁净，自然会对一切美好的事物拥有恒久的激情。

保养激情，需要有坚忍的意志，永不言弃。激情贵在坚持、贵在长久。只有对事业保持一种强烈的激情，对本职工作保持百倍的热情，对未来目标充满自信的豪情，在困难与挑战面前永不退缩，在失败和挫折面前绝不放弃，才能为工作增添力量，才能创造出不同往常的新业绩。

五、为官须担当

所谓担当，就是能够勇挑重担、敢于负责。

担当常与责任、良心、价值、奉献、牺牲、勇气、才干等因素联系在一起，从而被赋予丰富的内涵。它既代表着"在其位，谋其政"的履职尽责，也体现着"先天下之忧而忧，后天下之乐而乐"的海阔胸怀；它既代表着"知其难为而为之"的执着信念，也体现着"明知山有虎,偏向虎山行"的无畏勇气。

担当体现在不同领域、不同层次、不同形式上。"一人做事一人当",是普通百姓对担当率直快意的表达;"天下兴亡,匹夫有责",是仁人志士丹心报国的担当誓言。人生需要担当,有担当的人生才能尽显大气与豪迈;一个组织需要有担当的成员,有担当方能成就经世之事业;一个社会需要有担当的脊梁,有担当方能为百姓谋福祉。

一个人要想有所为、干成事,必须敢担当,也就是要敢干事,要主动承担并负起责任,在职责和角色需要的时候,毫不犹豫冲上去、扛得起、顶得住。岗位是责任,职务是责任,而担当不仅是责任,更是一种品质。桥的价值在于承载,人的价值在于担当。一个有担当的人才能做成事,敢于担当是对自己的人生负责,也是对事业负责、对组织负责、对人民群众负责。

是否具有担当精神,是否能够忠诚履责、尽心尽责、勇于担责,是一个官员品德高下和素质高低的重要尺度。面对矛盾、问题和困难,是畏首畏尾、裹足不前、退避三舍,还是担起责任、勇于攻坚,集中体现了一个人道德境界的高低,也决定着一个人最终是否有所作为。权力就是责任,为官就要担当。对领导者来说,责任无处不在,担当义不容辞,必须做到守土有责、守土尽责,遇到事情要担责、负责,出了问题要追责、问责。

反观现实社会,确有一些官员存在不愿担当、不敢担当的问题。有的在其位不谋其政,推诿扯皮、敷衍塞责,遇到矛盾问题绕道走,习惯于混日子,一门心思当"太平官";有的不思进取图安逸,干工作存在惯性思维,解决群众反映的难点问题办法不多,化解矛盾的力度不够;有的怕得罪人,信奉"多栽花、少栽刺"的庸俗哲学，搞无原则的一团和气；有的认为自己职权有限、能力有限，无力担当；还有的借口党纪党规要求严了、紧箍紧了，为自己不担当、不作为找理由，该抓的事不抓，该管的事不管。

如果避事而不积极干事，躲事而不认真处事，该说的话不说、该干的事不干、该负的责不负，就会给党和人民的事业造成损失；如果这种不敢担当、不愿担当、不会担当的"官油子"多了，就会败坏干部队伍风气。对领导者来说，是勇于担当还是不敢担当，实际是一个人的世界观、人生观、价值观的问题，特别是事业观、工作观的问题。

"为官避事平生耻，大事难事看担当"。古往今来，担当历来是考评官员的重要尺度。为官避事，不敢担当，遇事能推则推、能躲则躲，在人格上就是懦夫，在事业上就是失败者，在急难险重任务面前就是逃兵。担当是领导者的本分，如若不想担当、不敢担当、不善担当，就是丢了本分、失了本职，无疑是最大的耻辱。曾国藩《治心经》中有这样一句话："以苟活为羞，以避事为耻。"说的就是为官从政理当担当作为、务实苦干，对偷奸耍滑、怕事躲事感到羞愧难当、无地自容。

勇于担当，是为官者的应有之义。有多大担当就能干多大事业，尽多大责任就会有多大成就。职务意味着责任，权力意味着压力。而且职位越高、权力越大，肩上的责任就越重。有职务没有责任、有权力没有压力的"好事"应该找不到。享有一定的权力，必须尽到相应的责任；尽到一定的责任，才能享有相应的权力。所以说，敢于担当，既是领导者推进实际工作的成事之要，也是领导者必须具备的政治品格。

领导者应当争做敢于负责、勇于担当的表率，养成担当的习惯，锤炼担当的意志，树立担当的作风，提高担当的能力，切实做到敢担当、能担当、会担当，切实做到履职尽责、尽显担当。

要有政治担当。就是要有对党忠诚、为党分忧、为党尽职、为民造福的政治抱负。是否拥有政治担当是检验和衡量领导者政治操守、政治品格和政治上是否成熟的重要标准，是党的事业能否成功的关键所在。忠诚是最基本的政治操守，是最根本的政治本色。领导者在政治上要保持清醒，讲政治、懂规矩、守纪律，服从组织，忠诚于党，忠诚于人民，忠诚于事业，面对大是大非敢于亮剑，面对矛盾敢于迎难而上，面对危机敢于挺身而出，面对失误敢于承担责任，面对歪风邪气敢于坚决斗争。

要有职责担当。在其位要谋其政，要勇敢地担起岗位责任。责任只有轻重之分，而无有无之别。从政者无论担任何种职务、无论职务大小，都必须忠于职守、敬业奉献、奋发有为，切实做到担责不误、临难不却、履险不惧、受屈不计，做到守土有责、守土负责、守土尽责。为了党和人民的事业，保持舍我其谁的气概，保持一股艰苦奋斗的劲头和锐意进取的激情，把全部心思和精力用在干事创业上，在解决问题中推进工作，在攻坚克难中干事成事，卓有成效地履行自己的神圣职责。

要有危难担当。领导者的担当，很多时候是要担当危难。"挽狂澜于既倒，扶大厦之将倾"，是担当危难的生动写照；"沧海横流，方显英雄本色"，是对担当危难的真情赞美。在维护国家和人民生命财产安全时挺身而出、勇于牺牲，在应对突发事件时处变不惊、沉着应对，这都是担当危难。领导者面对急难险重任务，必须有勇气站出来，扛起压力，靠前指挥，有胆有识，果断决策，真正成为带领群众战风险、渡难关的主心骨。

要有责任担当。敢于担当，不只是一句表态，而是面对困难和挑战，遇到失误和问题，绝不文过饰非、推诿扯皮、揽功诿过，要敢为人先，敢于承担风险，敢于承担责任，敢于创新方法，切实把对上负责与对下负责结合起来，敢于一抓到底，抓出成效。人非圣贤，孰能无过。不能有了成绩都归自己，出了问题就推给他人。出现失误不可怕，可怕的是掩饰失误、推卸责任，不能思其过、改其行。面对工作中的失误，要积极主动地反思原因、改正错误、总结提高。

要有底气担当。无私才能无畏，正己才能正人，自己行得正才能敢担当。领导者如果过不了廉政关，自己不干净、不纯洁，就没有担当的资格和底气。破一次规矩就会留下一个污点，搞一次特殊就会丧失一分威信，谋一次私利就会失掉一片民心。公生明，廉生威，廉洁才有底气。要增强廉洁自律意识，把廉洁从政作为至关重要的生命线，把党纪国法作为带电的高压线，筑牢拒腐防变思想防线，时刻坚持自重、自省、自警、自励，做到有人知道与无人知道、有人监督与无人监督一个样，保持道德的纯洁性，做到清白无污、一身正气。

要有能力担当。"没有金刚钻，不揽瓷器活"。担当重任必须具有解决难事、化解难题的真本事。否则，就是盲目的担当，胸中无数，就会南辕北辙、事与愿违，甚至酿成大祸。艺高人胆大，有了硬本领才能真担当。领导者只有看问题比别人深一步，想办法比别人高一等，抓工作比别人实一些，处理矛盾讲究策略，解决问题注意方法，落实工作富于创造性，才能把事情办成办好。软肩担不起硬担子，有真本事才有真勇气。必须把学习实践贯穿领导工作全过程，针对知识弱项、能力短板、经验盲区，学习新知识、熟悉新领域、开拓新视野，在学习中增才能、在干事中长本事、在历练中变成熟，以铁肩膀挑好硬担子。

第九章

慎 终

慎终如始，则无败事。

慎终，就是谨慎地对待事情的终结，以期获得一个圆满的结局。善始不易，善终更难。如果做事不能慎终，虎头蛇尾，则会功亏一篑；做官不能慎终，则会让平生功业毁于一旦，乃至晚节不保。慎终是防止功败垂成的关键。慎终，才能善终；欲善终，须慎终。从政者唯有慎终如始，修身如初，持之以恒，永不松懈，终生谦谨，始终如一，谨慎从容地走好人生的每一个台阶，小心翼翼地跨越每一个关口，才能为自己的从政之路画上一个圆满的句号。

一、慎终如始

所谓慎终，就是谨慎地对待事情的终结，使之有一个圆满的结局，做到有始有终、善始善终。

《道德经》有言："慎终如始，则无败事。"对待事情的终结像对待开始一样慎重，才不会出现失败，做事要从头至尾小心谨慎。汉代刘向说："慎终如始，常以为戒。"对待结果要像对待开始一样慎重，常常记在心上，不可鲁莽、草率，不能半途而废。

慎终如始，才能善始善终。慎始作为万物之端，是走向成功的第一步，是抵挡诱惑的第一道防线；慎终作为道德修养的方法，是人生进德修业的最后结果，是功德终成的圆满句号。

第九章 慎 终

　　从政者要善终，必先慎始。《礼记·经解》说："君子慎始，差若毫厘，谬以千里。"出发点上差一点，目的就会差千里，甚至南辕北辙。"笃初诚美，慎终宜令。"一个人要慎终，要从慎始开始，抓住了慎始，就为慎终打下了基础。

　　不仅要慎始，更要慎终。《左传》说："慎始而敬终，终以不困。"《尹文子》也说："始终相袭，无穷极也。"坚持慎终如始，可以磨砺人的意志。恪守慎终如始的原则，就能做到如《礼记·中庸》里所说的："遵道而行，半途而废，吾弗能已矣。"坚持慎终如始，还有助于修身养德。它不仅使人"修道如初，得道有余"，而且使人"不以身尊而骄人，不以德厚而矜物"。

　　慎终如始，并非易事。《诗经》中有言："靡不有初，鲜克有终。"做人做事做官没有人不肯善始，但很少有人能善终。古人云："有善始者实繁，能克终者盖寡。"有良好开端的人很多，但能够始终如一，坚持到最后的人，却没有那么多。

　　慎终如始，对历代从政者来说都是一个严峻的课题。《庄子》说："其作始也简，其将毕也必巨。"做到慎终如始，确实不是件易事。尽管如此，有作为的执政者依然积极而勇敢地面对它、正视它。因为他们懂得，只有慎终如始，才能使基业永固。正如元代名臣张养浩所说："为政者不难于始而难于克终也。初焉则锐，中焉则缓，末焉则废者，人之情也。慎始如终，故君子称焉。"

　　行百里者半九十。《尚书》曰："为山九仞，功亏一篑。"最后关口的松懈，往往会导致功败垂成；道德修养的努力，最容易在安全的环境中松懈下来。因此，人们在道德修养和行为实践中，要居安思危，持之以恒，居功不骄。

　　魏徵对唐太宗提出的"为什么自古善于治国的，大多不能坚持

从政九慎

到最后"的问题作如下回答:"自古以来,帝王刚即位的时候,都想励精图治,效法尧、舜;而一旦太平了,就骄奢放纵起来,不能善终。做臣子开始被任用的时候,都想辅佐君主,为国效力,效法稷、契;而一旦富贵了,就想保全官位,不能把忠诚节操保持到底。如果君臣始终不懈怠,都能坚持到底,那么国家不必担心治理不好,自然可以超过前古盛世。"贞观十三年,魏徵担忧唐太宗不能自始至终坚持励精图治、勤俭节约,针对唐太宗近年来喜欢奢侈放纵的情况,上书规劝唐太宗要善始善终,要"念高危""惧满盈""忧懈怠"。唐太宗看了奏折没有生气,反把魏徵的奏折挂在屏风上,早晚恭读。还赐给魏徵黄金十斤、良马两匹。

康熙皇帝教育皇子们要"慎重持敬,谨终如始"。他认为,对于天下发生的任何事情,都不能忽视、掉以轻心,即便是最小最容易的事情,也应当采取慎重的态度。慎重,就是所谓的"敬"。在没有事的时候,用"敬"来约束自己的操行;在有事的时候,以"敬"心去应付一切。做任何一件事情,都一定要始终如一,谨慎小心,坚持谨慎持重、从长计议的做事原则,并养成一种良好的习惯,就不会有什么过失、错误发生。

善始不易,善终更难。要做到善始善终,始终如一,尤其要注意防止心力的懈怠。人生的历程,有如流水中行船、山丘中跋涉,心志要专一,心力要坚毅,如果松懈怠忽、随波逐流,就难逃触礁翻船、失足落崖的厄运。所谓功亏一篑,一失足成千古恨,是也。

北宋的寇准,为人刚直而敢于言事,因抗辽有功,被提升为宰相,受到天下万民的景仰。当时民间就流传有"欲得天下好,无如召寇老"的说法。但是,晚年的寇准,在个人生活上追求新潮和时尚,喜好歌舞和酒宴。他的酒量很大,有的手下为了博取寇准的

第九章 慎 终

欢心，便强行喝酒，结果有几位竟因此丧命，其家属直闹着要打官司。由于家中经常举办大型歌舞晚会，寇准下令在其豪宅中到处都点上蜡烛，即使厕所、马厩里也不放过。像寇准这样的生活作风注定要成为政敌攻击的靶子，加上晚年的寇准时常表现出居功自傲的苗头，朝中另一位大臣王钦若便乘机向皇帝说寇准的坏话，最终，寇准丢掉了宰相之职，被贬到遥远的雷州担任小官。一代名臣善始而无善终，千百年来引来人们无数的慨叹。

古往今来，这样的例子不胜枚举，多少历史上的风云人物，都因"初而锐、中而缓、后而废"，留下了太多的遗恨和教训。当今，也有一些从政者在初入岗位时兢兢业业、本分做人、勤勉干事，为党和人民作出了一定的贡献。但随着资历的增长、职务的提升、诱惑的增加、心智的衰退，逐渐丧失信仰、迷失自我、丢失原则、丢掉尊严，结果要么庸庸碌碌、无所作为，要么腐化堕落、为人所不齿。

官怠于宦成，务惜晚节。有始无终，功业难成。《周易》说："立心勿恒，凶。"荀子告诫人们："无冥冥之志者，无昭昭之明；无惛惛之事者，无赫赫之功。"做官开头固然难，但更难的却是终了。所以官每怠于宦成，谤多起于离任。许多官员都是在离任或即将退休时犯了错误，后悔莫及。

成功往往来之不易，但丧失取得的成果却很容易。《菜根谭》有句名言："一念过差，足丧生平之善；终身检饬，难盖一事之愆。"人生的一念之差，足以将一生的努力与功绩丧失殆尽；终身谨慎，也难以掩盖一件事上的过失。

对为官者而言，如果做人不能慎终，往往功亏一篑；做事不能慎终，往往夕阳落马；做官不能慎终，往往功业毁于一旦。晚清有

199

个叫王闿运的学者,讲过这样一句发人深省的话:"古来臣子,往往初年颇有建树,而晚节末路陨越错谬。"

从政之路上,要有一个好的开头并不难,能坚持一段时间也不算难,难的是一路风雨兼程,一直矢志不渝。防患未然的关键是谨慎自守,提高道德修养。《周易》说:"君子终日乾乾,夕惕若厉,无咎。"意思是说君子整日进德修业,到晚上还戒惧反省,就不会有什么灾害临到自己身上。

善始善终,须不懈不息,久久为功。收官阶段,最考验人的品质、意志和能力。越是接近目标,越应憋足劲、绷紧弦,绝不能"一篙松劲"、不在状态;越是抵近终点,越应坚持不懈,奋力冲刺,绝不能偃旗息鼓、止步认输。

"欲善终,须慎终"。人生如战场,做事要慎始慎终,不到最后绝不能掉以轻心。编筐编篓,全在收口。慎终如始,就要自觉放下资深的包袱、功高的包袱、位尊的包袱,修身如初,终生谨慎,持之以恒,永不松懈,永不松劲,永不动摇,为自己的人生赢得一个圆满的结局。

二、谨防晚节不保

一日得失看黄昏,一生成败看晚节。晚节贵如金,古来难保是晚节。做人做官,晚年失节,不仅落魄颓唐、一败涂地,更是奇耻大辱,悔之无及。

一个人有个好的开端并不难,难得的是一生都慎终如始、清廉如初。不少官员在从政之初都能勤勤恳恳、兢兢业业、规规矩矩、

第九章 慎终

清正廉洁。在级别不高、权力不大的初始阶段，受到的诱惑相对少一些，又是血气方刚的年纪，大多都能心无旁骛地埋头做事，努力争取进步，事业处于上升期，精神状态也比较好，但随着时间的推移、地位的升迁、权力的增大，个人的私欲也随之膨胀，精神开始懈怠，不知不觉中放松了自我要求。

从一些落马官员由盛而衰、由红转黑的心路历程来看，堕落无不起始于心理的失落、失衡和失制。有的认为船到码头车到站，人生轨迹、政治前途很清楚了，更应该抓住时间过潇洒人生，该享乐就享乐，该吃喝就吃喝，何必较真。有的认为自己资历和业绩都不错，却没有得到提拔重用，心有失落，于是得过且过。有的自以为对党和人民贡献很大，对比自己的所得，心态失衡。有的跟大款、大腕、暴富者盲目攀比，攀出了"羞涩感"，比出了吃亏感，继而产生了赶快补偿的错误心理，想着"堤内损失堤外补"。

临近退职、退休之时，有些人认为年龄到杠、职务到头，自己马上就成了无职无权的闲人，只能坐冷板凳了，于是有了"有权不用，过期作废"的心理，不是留恋工作，而是迷恋权力；不是重晚节，而是重晚利，利用即将离手的权力之柄"狠捞一把"，拼命地为自己贪钱敛财，想为自己"留条后路"，为子女留点财富，以图安度富贵晚年，享受奢华余生，甚至不惜赌上政治前途和身家性命，来个"狮子大张口"，疯狂敛财，上演一把"最后的疯狂"，而栽在最后一站再也站起不来。

有的人未退休，心先褪色，精心谋划，打"时间差"，同他人达成"约定"，"退休前办事，退休后收钱"，妄图给自己的贪腐行为披上"隐身衣"，"平安着陆"后再"变现权力"，搞所谓的"期权腐败"。有的人已经退休，抱着"退休意味着安全降落"的侥幸心理，想利用残存的影响力，试图耍"余威"、发"余热"，继续谋利贪财，寄望以退休为挡箭牌一腐到底。

自然，到头来还是逃不脱"伸手必被捉"的铁律，大捞一把安度晚年的梦幻瞬间破灭，刚刚下车离站又向高墙走去，在监狱里苦度余生倒成了凄惨的现实。结果不仅给党和人民的事业造成损失，自己也落得个"晚节不保"的下场。勤奋清廉了大半辈子，得到了组织和群众的肯定，结果在最后一班岗倒下了，实在不值得。特别是长期在"实权"岗位的，更应当时时提醒自己，不可麻痹大意，务必如履薄冰坚持到最后。

在法纪面前，来不得丝毫侥幸。自以为手段高明，无人知晓；或自恃德高望重，无人猜疑，那都是自欺欺人。"雷"埋得再深，终将在某个瞬间爆炸。身上若有"事"，迟早要出事。即使是一时"漏网"，暂时"上岸"了，也别高兴得太早，退休后东窗事发，照样只能束手就擒、无处可逃，"退休保平安"终是痴心妄想。

尤其令人惋惜的，是那些前期坚守得很好，到了临近退休时才精神懈怠，思想放松，一时糊涂碰触法纪"高压线"的人。因为某些偶然因素而导致心理失衡、立场不稳，最终"晚节不保"，这样的案例古往今来数不胜数。一失足成千古恨，一世清名毁一旦，那真是痛心疾首，追悔莫及，让人唏嘘。

一个守不住晚节的官员，最终的结局必定是令自己和家人感到无比难过和无地自容，也让世人感到惋惜和不屑，更愧对党和人民。所以说，无论做人做事都要善始善终。

从人性来看，官员退休前后，也是步入老年之际，考虑生活保障渐多，利益诉求渐多，而上进心日渐衰退，自我约束相对减弱，这也是政治免疫力相对较弱的一个阶段。他们往往觉得，"人过中

第九章 慎终

年万事休",手中的权力即将失去,组织监管也不如以前紧了,做得好点差点无所谓,思想上、作风上便松懈了。如何严格自律,抵御腐蚀,节制欲望,保住晚节,对处于这个阶段的官员来说就是一个严峻的考验。

孔子说"君子有三戒",第三戒为:"及其老也,血气既衰,戒之在得。"由于生理和心理方面的因素,人有老而贪得的倾向,因此从古到今晚节不保的大有人在。《菜根谭》说:"功成行满之士,要观其末路。""看人只看后半截",道出了人生后半截的极端重要性。又说:"功名富贵逐世转移,而气节千载一日。君子信不当以彼易此也。"强调了对一个人的评价要看其晚节,晚节是人生的答案,盖棺才能论定。

有人说:"少年经不得顺境,中年经不得闲境,晚年经不得逆境。"青年人栽了跟头还有时间爬起来改正,而老年人则没有这样的机会了。这不是老年人的悲哀,而是人生的必然规律。陆游的诗句说得好:"愈老愈知生有涯,此时一念不容差。"一个人能在跌跌撞撞中步入晚年,本来就很不容易了,此时最应当珍惜的是所剩时光,最应当提防的是晚节不保。老年人生活的理想境界应当是:从容豁达,淡泊名利,让生活充满情趣,一切都顺其自然。

一时的自律容易,一世的自律很难。朱熹有言:"保初节易,保晚节难。"一个人做点好事并不难,难的是一辈子做好事,不做坏事,保持节操贵在持久。"百年养德难,一日丧德易。"为官一时,需要立德一生、清廉一生。人生进入后半程,更应常自警自省,一以贯之地严格要求自己,小心谨慎地走好脚下的路,别误入歧途,更须警惕"翻车"。

人重晚节,田看收成。人生越接近事业的终点,越要不忘从政初心，涵养为政之德，永葆敬畏之心，时刻保持清醒的头脑，绷紧法纪之弦，以廉为荣、以贪为耻，朝乾夕惕，慎独慎微，"内无妄思，外无妄动"，严防诱惑之微，严杜蜕变之渐，坚决守住廉洁从政的底线，把政治生涯的最后一段路走好走稳，做到"不羞老圃秋容淡，且看黄花晚节香"，在慎终如始中守好人生晚节。

三、始终不懈怠

懈怠，就是松懈懒散、怠慢不敬，主要体现为精神萎靡、意志消沉，不思进取、无所作为，工作懒散不勤勉，态度轻慢不庄重。

必须承认，人是有惰性的，人的承受力、忍耐力、自控力都是有限度的。一个人如果缺乏坚定的信念、明确的目标和充沛的热情，不能持之以恒地严格要求自己，在长期单调重复的工作中时间长了，心理和生理的厌倦就会随之而来，就容易引发精神懈怠，接着就会工作懈怠、作风懈怠、修养懈怠，再发展下去就会日渐消沉，变得平庸。

精神懈怠是精神世界的坍塌。有的人认为自己老了，功高了，位尊了，居功自傲，躺在过去的功劳簿上睡大觉，抱残守缺、故步自封；有的人认为自己即将退休，于是丧失动力；有的人感叹"退休尚有时日，提拔已无希望"，于是做一天和尚撞一天钟，得过且过；有的人因一时未获提拔，就心生不满，埋怨组织不公，消沉躺平。他们思想滑坡，意志衰退，激情消退，打不起精神，提不起兴趣，成天浑浑噩噩，暮气沉沉，心身疲惫，无精打采，随波逐流，好逸恶劳，甘居平庸，熬着日子等退休。

第九章 慎 终

精神一懈怠，就容易工作懈怠。有的"混"字当头，谋事没有规划，干事没有计划，做事没有重点，敷衍了事，疲于应付；有的工作不负责任，有心思做官，无心思做事，大事做不了，小事不愿做，工作马虎、行动迟缓；有的工作执行不力，把说了当做了、把做了当做成了，满足于开会发文了事，贯彻落实没有下文；有的工作落实不力，工作标准不高，对工作抓而不紧、抓而不细、大而化之，抓落实力度不够，办法不多，抓抓停停，难以见到成效；有的工作被动，不推不动，如果上面不推不赶，就始终原地踏步；有的干事三分钟热度，经不起时间考验，半途而废、留下烂摊子。

精神一懈怠，作风随之懈怠。自由散漫，松松垮垮，做事不积极，工作拖拖拉拉，凡事能推则推、能拖就拖，只求过得去，不求过得硬，应付敷衍、效能低下；工作不务实，办事浮光掠影，不琢磨事，只琢磨人，习惯于漂浮在上，善于做表面文章、搞形式主义，不愿意深入基层、深入一线，面对面地抓落实；对工作挑肥拣瘦、拈轻怕重，对困难避而远之，对责任避重就轻，遇到难题不是寻求解决之道，而总是以各种借口来搪塞敷衍；工作态度不端正，对群众反映的问题麻木不仁、冷硬横推，"门好进、脸好看、话好听，但事难办"的新"衙门"习气依旧存在。

精神一懈怠，便更不会有开拓创新之心，习惯于因循守旧，观念保守，重安稳轻创新，在机遇面前循规蹈矩、畏首畏尾，在挑战面前等待观望、庸碌无为；陶醉于自我满足，对新事业、新业务不敢投入，不敢提出更高的挑战性目标，没有向更高目标奋斗的动力；执行上级政策以会议贯彻会议、以文件落实文件，照抄照搬，不结合地方和部门的实际认真思考、创造性地开展工作，不辨方向、不切实际；缺乏担当作为的责任感和魄力，缺乏敢闯敢干的勇气，缺乏干事创业的"精气神"，工作中不思进取、消极躲避，但求"相安无事守摊子、四平八稳过日子"。

人一旦松懈了，往往自律意识就会淡化，不注重学习提高，纪律观念弱化，缺乏自我约束、自我检点的习惯，不能严格遵守组织纪律和工作纪律，散漫邋遢，无所事事；廉洁从政意识减弱，放松警惕，行为失检，贪图安逸享乐，认为吃点、喝点、拿点、铺张浪费点不要紧，甚至把手中权力作为谋取私利的工具，试图在退休前拼命捞一把。

古人说，"善根暗长，恶损潜消"。善根暗长，就是一个人品德修养好，他的综合素质，包括德、才在内的整体的影响力会越来越好，如草里冬瓜暗暗成长起来。恶损潜消，就是一个人作恶行坏，他的德行就像庭前春雪一样会悄悄地消融。人的品行是比较稳定的，但也是变化的。有的人过去品行很好，但条件一变，地位高了，权力大了，经不住诱惑，品行扭曲变坏了，原来的形象也会慢慢毁掉，原来的才能也会消磨殆尽。

从政之路如同跑马拉松，非意志坚定者不能完成。一个人在领导岗位上经过一二十年甚至更长时间磨炼后，一般都会日趋成熟，正值干事创业的黄金期，如果在这个时候放松自我鞭策，就很容易精神懈怠，或守着眼前"一亩三分地"沾沾自喜，或自视"没有功劳也有苦劳"坐等升迁，或产生"人到中年万事休"的念头，陷入消沉情绪不能自拔，对前途悲观失望，疲疲沓沓，庸庸碌碌，最终变成一个粗俗的庸人。

马拉松比赛中有一个35公里左右的"极限关口"，选手只要熬过了这个接近体能极限的艰苦时段，最后一程一般都能顺利跑下来；足球比赛结束前10分钟容易出现进球，领先球队仍须在最后

第九章　慎终

时刻保持专注、严密防守，坚持到终场哨声响起。越接近成功越困难，越要坚持到最后。

世间事，坚持一阵子易，坚守一辈子难。善始善终，则无事不成；虎头蛇尾，则一事无成。能否克服心中的懈怠，是决定最后成功与否的关键。多一分坚持，就少一分遗憾。每当你开始懈怠时，提醒自己不要轻言放弃。那些真正厉害的人，做事情都有始终如一的执着和热情。曾国藩曾劝勉自己的家人："凡人作一事，便须全副精神注在此一事，首尾不懈。不可见异思迁，做这样想那样，坐这山望那山。人而无恒，终身一无所成。"

"古之立大事者，不惟有超世之才，亦必有坚忍不拔之志。"成功的大门从来都不会为懈怠之人而敞开，只有保持坚韧的毅力，才能不断提升自己的能力，朝既定的目标方向行进。人要有所作为，"志不可一日坠，心不可一日放"。要时刻坚守自己的信念，不因一时失意而消沉，不因年华流逝而懈怠，时刻坚守本心，保持状态不放松。

矢志不渝才能永葆激情。有人常说：年纪大了，没有什么激情了，属于自己的时代已经过去了。错！那都不是理由，而是应付自己和别人的借口。激情跟时间、年龄没有太大关系。有些人年纪很轻，却暮气沉沉；有些人年过壮年，却活力依旧。年轻说到底是一种心态。"老骥伏枥，志在千里"就是一种老当益壮的激情。正因为日月如梭，时光飞度，我们才更要爱惜生命，只争朝夕，努力为社会、为群众多做有益的事。

每个领导者在前进道路上都会遇到意料之外的坎坷与关口，也都会遇到这样那样的干扰和诱惑，只有不忘来时的路，紧绷脑子里的那根弦，始终保持脚步不停歇，不停地爬坡过坎，不断地战胜自我、超越自我，数十年如一日沉潜实干，才能事有所成。正所谓"初心"易得，"始终"难守。

《左传》云："政如农功，日夜思之，思其始而成其终，朝夕而行之。"从政要像农民种地一样上心，播好种了，就要日夜操心，一开始就思考周全，勤劳耕耘，最后才能有收获。做事情经常会遭遇困难，重要的是千方百计去克服它，持之以恒地做下去。"日日行，不怕千万里；常常做，不怕千万事。"坚守初心，才能在变动不居的岁月中，保持脚步不停歇，以"绳锯木断，水滴石穿"的韧劲，在砥砺奋进的路上永不停步。

"好马登程奔到头，好汉做事做到头。"人的一生在历史上只是短暂的一瞬，一个官员掌权用权、为人民群众办事的时间更是有限。新时代的从政者更应以顽强拼搏为人生信条，立志追求卓越，时刻带着一股子韧劲和闯劲，始终保持专注、执着、笃定的态度，始终热情不减、信念不衰、本色不变，有一种时不我待、只争朝夕的精神，以永不懈怠的精神状态和一往无前的奋斗姿态，意气风发地行进在为人民谋幸福、为民族谋复兴的伟大征途上。

四、活到老学到老

一个慎始敬终的从政者，必定会坚守信念、勤勤恳恳、坚持不懈、一以贯之地做人做事，绝不会在工作上慵懒懈怠，也不会在学习上、修养上放松懈怠。

一个人要善始善终，必须涵养谦虚心态，保持学习习惯，自觉读书学习，经常反省自我，不断自我净化、自我完善、自我革新、自我提高，做到学以增智、学以励志、学以养德，这样方能与日俱新、与时俱化、与时俱进。

古往今来，凡立德立功者，无不是终身学习的典范。蘧伯玉是春秋时期著名的贤臣。他谦虚谨慎，经常进行自我反思，"行年五十而知四十九年之非"。他还经常鞭策自己，"行年六十而六十化"，说他年已六十还能与日俱新，随着时代的变化而变化。这样的贤人总是对自己的品行有明确的要求，而且一直认真地按照这些要求去做，不管在别人看得见或看不见的地方都是如此，始终慎独自律。

蘧伯玉的修为，用今天的话说就是"活到老，学到老，改造到老"。人一辈子都应该保持学习的态度，不断更新知识和技能，不断改进思想观念，不断提升自己的道德修养。不论是青年、中年还是老年，都应该保持学习、成长和改进的开放心态。新时代的从政者，更应努力做到"活到老，学到老，改造到老"。

学习是人生最好的保鲜剂，是保持年轻活力的秘诀。学习可以让人忘记年龄，心态年轻。学习可以让人们了解到新的知识、新的观点和新的技能，不仅能激发人们的潜能和创造力，还能激发人们对生活的热情和好奇心，而对生活充满热情和好奇心的人会更加年轻有活力。爱学习的人总是洋溢着积极向上的热情，勇于探索未知的领域，乐于尝试新鲜的事物。这样的人会更加充实和满足，会更加豁达和从容，也会更加快乐和健康。

生命在于运动，不仅包括身体运动，也包括学习新知识、新技能的头脑运动。享受学习的乐趣，可以让人心情愉悦，有助于身心健康、延缓衰老。亨利·福特说过，"任何停止学习的人，都已经进入老年，无论其是 20 岁还是 80 岁，坚持学习的人则永葆青春"。

当一个人不断学习新的东西，接受新的认知和新的改变，而不是故步自封，遵循旧的习惯和老的经验混日子，那么他过的每一天，都宛如新生。

学习力是一个人的核心竞争力。事有所成，必学有所成。学习是增强本领的最佳手段，是对未来最好的投资。一个人如果不学习，知识就会老化，思想就会僵化，能力就会弱化。学习不能一劳永逸，应当紧跟时代发展，常学常新，靠"吃老本"早晚要掉队。左宗棠说，"学如才识，不日进，则日退"。放松学习、停止学习，拒绝接受新知识、新事物，就是懈怠、抛锚、出问题的开始，就有遭淘汰的可能。

学无止境，持续学习是成功领导者的终身承诺。《大学》中说，"苟日新，日日新，又日新"。知识是在不断更新和扩张的，学习也必须及时跟进，否则就很容易落后于时代。善于学习，就是善于进步。面对知识飞速更新迭代，各种新事物、新情况、新问题不断涌现，只有坚持学习、一直学习，勤于学习、善于学习，在学习中更新知识、拓宽眼界、提高素质、增强本领，使自己真正成为行家里手、内行领导，才能跟上形势的变化发展，迎接各方面的挑战和机遇，更好地胜任所肩负的工作，不断开创新局面、赢得新业绩、实现新进步。

坚持工作学习化、学习工作化。学习和工作是融会贯通的整体，学习促进工作，工作促进学习，两者具有高度的耦合性。离开工作的学习必定空洞无物，而缺少学习的工作必定是低层次的重复劳动。唯有树立学习工作化、工作学习化、学习工作一体化的理念，把学习和工作有机结合起来，才能发挥出最大效能。应把学习当作工作的重要组成部分、当作干好工作的捷径和杠杆，当作"充电器""加油站",在干中学、学中干,始终在研究状态下学习和工作,如此,才能既提高工作效率,又促进学习不断深化,在学习与工作的良性互动中不断超越自我、成就事业。

学而不用等于没学,学习的目的全在于运用。读书是学习,使用也是学习,并且是更重要的学习。加强学习,主要目的是增强工作本领、提高解决实际问题的水平。学而不用则废,用而不学则滞。离开了实践运用,学习也就毫无意义。新时代的从政者不仅要爱学习、会学习,更要坚持理论联系实际,运用所学理论,解决实际问题,指导具体工作,把学到的知识运用到工作中、落实在行动上,用工作成果检验学习成效,真正做到学以致用、用有所成。

坚持读书学习,可以完善品德。好的品德不是与生俱来的,也不会长存不变,贵在常修。个人品德修养是一个不断从认识到实践,又从实践到认识的循环过程,反复无穷,不断提高,永无止境。要成为一个品德高尚的人,并不是一朝一夕、通过一两件事就能成功的,它需要一个长期、不断的积累过程,需要终生不懈地努力。从政者提升自身道德修养是一项系统工程,也是一项长远事业。

金无足赤,人无完人。领导者也不可能十全十美,其品德修养并不会随着年龄的增长、阅历的丰富而自然提高,其道德情操、思想境界也不会因工作的变动、职务的升迁而自然升华。只有勤修为官为人之德,把修身养德作为终生必修课,才能不断提高思想境界、形成高尚情操,以人格魅力取得事业成就、赢得群众拥护和支持。

学习是提升道德修养的基本方法。修身律己是从政之基,勤学笃行是修身之本。《礼记》云:"虽有嘉肴,弗食,不知其旨也;虽有至道，弗学，不知其善也。"好书如良药，可以疗俗，可以使人明哲，可以治愚，可以冶情，可以养气。通过读书学习，我们可以把握人生道理，领悟人生真谛，体会人生价值，实践人生追求。读书学习是一个人不断自我完善的过程，可以让心灵得到安宁，可以使灵魂不受干扰，可以让人遇见更好的自己。在学习上的每一次投入付出，都将内化为自身的能力素质，成为成长进步的阶梯。

读书学习能够让人格更完善。当我们用心阅读了大量的书籍后，会更加深刻地体会到，许多成功和优秀的人的背后，必然有深厚的底蕴和优秀的品质，而这种品质的日臻完善，主要来源于读书。从书中，可以发现自身的不足之处，促使我们不断改正错误，不断清除内心的不良欲望，端正自己的品行，不断提高道德修养，永远保持一颗向上的火热之心。书籍是我们的良师益友。一个人好书读多了，明白了更多事理，就会提升精神品格，养成健康人格。

"学之广在于不倦，不倦在于固志。"学习是要一辈子坚持的事，不能以"学习年龄过了、学习精力有限、工作已经定性"为借口不再学习，而要把学习作为一项政治责任，把学习作为终生追求，把学习当作最大的人生乐趣，妥善处理学习与工作、家庭、生活的关系，尽可能减少些应酬，挤出些时间，静下心，沉住气，多读书，勤思考，用科学理论和文化知识净化灵魂、陶冶情操、正心修德。

学习没有太迟之说。汉代刘向《说苑》中说："少而好学，如日出之阳；壮而好学，如日中之光；老而好学，如炳烛之明。炳烛之明，孰与昧行乎？"老年人学习虽可能不及少年、壮年，但也会像点燃的蜡烛一样放出一缕光明，有烛光的指引，跟在昏暗中摸索，哪个好呢？这是劝勉不同年龄段的人，都要有终身学习的理念。学习，什么时候开始都不晚。

新时代从政者应当坚信学习"没有终点，只有起点""没有毕业，只有毕生"，树立"学习是一辈子的事""学习永不嫌晚、学习永不嫌多、学习永不嫌累"的理念，把学习作为人生永恒的追求，始终不自满、不懈怠，生命不息、学习不止，终身学习，终身成长，终身进步。

五、走好"下山路"

人生如登山。青年、中年时期奋力向上攀登，一路艰辛，一路汗水，好不容易登上顶峰，在高处一览众山小的那一刻，心头就会涌上一股胜利者的自豪感。但登顶只是目标，只是整个登山过程中的一个闪耀环节，人不可能永远待在巅峰，终归是要下山的。只有平安下山、安全到家，才能算是成功的登山之旅。

上山不易，下山亦难。爬过山的人都有这样一个共同的体会：上山的时候，有期待，力气足，劲头大，情绪高昂，还可以弯下腰节省力气，或借助路旁的物件，手脚并用向上攀爬，容易保持平衡，虽费体力但不容易发生危险。下山的时候，体能消耗，人已疲乏，身体往后仰，手也帮不上忙，不容易掌握平衡，因此要格外小心，速度不能快，以防打滑踩空，下山路自然费劲得多。

上山靠的是体力和坚韧，下山靠的是脚力和谨慎。"下山还比上山难"，不仅概括了一种社会现象，而且揭示了一种人生的哲学。无论"上山"还是"下山"，都是人生的不同状态。正视"下山"之难，不是为了躲避，而是为了警醒。

从政九慎

　　日有升有落，潮有涨有退。有上山路必有下山时。中年已过，老年将至，奋斗到了一定的阶段，人生到了一定的高度，就要从高处退下来，开始下山的路。人生要有个圆满的结局，就必须把下山的路走稳、走好。

　　为官从政之路也是如此。人生不可能是一条直线前进，也不可能永远居于高位。人无论上升到多高的位置，掌握多大的权力，都有卸任的日子，最后都要退出历史舞台。因为，到了年龄按规定退职或退休，是干部政策规定，也是自然规律。况且，人的生命是有限的。

　　对领导干部来说，退休前后的一段时间是人生的一个重大节点，这个时候正是走好人生"下山路"的关键时刻。工作了大半辈子，退休代表的不仅仅是从繁忙的岗位上退下来，更是一系列的转变：从职场到家庭，从领导干部到普通百姓，从繁忙到清闲，正确看待这些转变，及时顺应改变、转变角色，是必须过好的关。

　　按常理来说，任何工作岗位都有时限，一个人年纪到了，自然应该退下岗位。工作了大半辈子，该休息休息，安享晚年，但有些领导干部在即将退休之际抓紧掌权的最后时机敛财，退休之时成了堕落之日；有的退休干部不甘心安享退休生活，还要继续发挥"余热"，利用自己多年积累的官场影响力，倚仗过去的领导身份和人脉关系"呼风唤雨"，打招呼、找门子，为自己和家人谋取私利；有的眼里盯着"肥差"，摇身一变成了会长、董事，身兼数职，游走于政商圈，热衷于给企业当顾问、搞兼职，参加各种高档宴请，奢靡享乐，最终导致晚节不保。

　　近些年来，在纪检机关查办的腐败案件中，退休干部因违纪违法而晚节不保的案例比比皆是。退休不是贪腐的"护身符"，更不是监督的"隔离墙",党纪国法不会容忍领导干部退休后"滥用余威""滥发余热"。

退休是一次考验,可以辨别一个人思想作风的优劣;退休是一面镜子,可以照出一个人官德品行的高下。退休前后,一个念头发生偏差,一次选择出现失当,终生的追求就可能毁于一旦。退休干部一旦不慎"跌倒",很难再"爬起来"。退休前后的领导干部,对待人生的"下山路",应慎之又慎。

领导者走好"下山路",先要转换心态。退休后离开了长期工作的岗位,告别了熟悉的工作环境,社会角色发生了改变,人际关系网也发生了变化。退休还意味着将会失去某些权力和待遇,改变几十年的行为模式,导致一些退休干部的失落感、空虚感和孤独感等负面情绪随之而来,如果不能及时调整心态,就会损害身心健康。

退休就是离开工作岗位休养,应及时调整心态,放下"领导"二字,不能再留恋权力,不能留恋过去的荣耀。人都有自己的生活,当个人离开单位、职位后,与以往领导、同事、部属的联系或许会逐渐减少,也属正常。人生总是这样:一路相逢,一路分别,没有谁会永远停留,没有谁会永远不变。人事有代谢,往来成古今。明白了这一点,就没有什么可遗憾的了。

退休之后,贵有自知之明,果断做好断舍离。千万不要以为自己对单位作出过贡献就可以居功自傲,千万不要错把平台当能力,不要错把权力当本事,不要错把尊敬当友情。在位时身上的光环、荣耀、成绩,很多得益于组织给予的工作平台,离开了这个平台,就要学会正视自己并接纳真实的自己。

保持淡泊平和的心态。无论自己在位时曾做过什么,高居于何位，有多大成就，与多少人结识，到最后都是过眼云烟，唯有平平淡淡的生活才是真。是非成败转头空，功名利禄抛脑后。人到老年，退休了，就要学会静而不争，学会看开放下，拥有好心情，保持好心态，学会独处，安静处世，守住自己内心的宁静淡然，让自己的心回归自我的本真，带着平和的心境体悟人生。

保持乐观的心态。老年人应该接受现实，积极面对生活的变化和挑战，关注生活中的积极方面，感恩和珍惜已经拥有的，不念过往得失，也不悲观厌世，以平和的心态对待人事的起伏，做到知足常乐。刘禹锡有诗云："自古逢秋悲寂寥，我言秋日胜春朝。晴空一鹤排云上，便引诗情到碧霄。"退休之后，开始步入人生的秋季。"风是秋后爽，月是十六圆，花是老来俏"。现在生活水平高了，人均寿命也长了，退休后的人生被称为"第二青春"，积极投入新的生活，照样可以活出生命的精彩。

虽然退休了，但作为社会精英群体，领导干部有多年积累的工作经验和专业知识，有较宽的视野和丰富的阅历，在合法合规、条件允许的情况下，可以利用合适的渠道，发挥自己的专业优势，以适当方式发挥余热，助力社会公益，为党的事业和社会发展贡献自己的智慧和力量。

理想的退休生活，就是完全摆脱原来的职务，做自己真心乐意做的事情。哲学家马丁·布伯说过："永远做新的事，就永远不会老。"任何年龄段都是新的开始。退休不是终点，而是起点，更是一个转折点，开启新的生活方式，去做自己喜欢的事，善于发现、勇敢尝试新事物，内心才会丰盈充实，生活才会多姿多彩，人生才会快乐幸福。

继续学习新的知识，培养兴趣爱好。退休后，一定要善于发现和培养自己的兴趣爱好，爱上一件事，用最饱满的热情去做有趣的事。比如，参加老年大学、社区活动、团体旅行，培养阅读、书法、绘画、音乐、摄影、园艺等爱好，丰富生活情趣，增加生活的欢乐和兴奋点。多陪伴家人，含饴弄孙，享受天伦之乐，用和谐的亲情驱走空虚感与孤独感。同时，也要开展适度的身体锻炼，选择散步、太极拳、八段锦、游泳等适合自己的运动方式，提升生命的活力，激发心中的愉悦。

"莫道桑榆晚，为霞尚满天。"退休不退志，退职不退责，退位不褪色。退休不仅是人生的一次转折，更是一个需要更加谨慎行事的阶段。只有循着正确的路径，小心谨慎地走好脚下的每一步，从容平安地走完"下山路"，才能画好人生的点睛之笔，留给世界一个干净优雅的背影。